Kurt Erlemann

Muss man die Bibel wörtlich nehmen?

Bibelverständnis und Bibelauslegung
Eine Einführung

Calwer Verlag Stuttgart

Kurt Erlemann, geboren 1958 in Freiburg/Br., seit 1996 Professor für Neues Testament und Alte Kirchengeschichte an der Bergischen Universität Wuppertal.

Der Calwer Verlag ist eine Gesellschaft der Calwer Verlag-Stiftung. Die gemeinnützige Stiftung verfolgt das Ziel, auf der Basis der christlichen Religion Orientierung in einer globalisierten Welt zu ermöglichen und den Dialog mit anderen Religionen zu fördern.

Bibliografische Information der Deutschen Bibliothek

Die Deutsche Bibliothek verzeichnet diese Publikation
in der Deutschen Nationalbibliografie; detaillierte bibliografische Daten
sind im Internet über *http://dnb.ddb.de* abrufbar.

ISBN 978-3-7668-4593-1

Satz und Herstellung: Karin Class, Calwer Verlag
Umschlaggestaltung: Karin Sauerbier, Stuttgart
Druck und Verarbeitung: Mazowieckie Centrum Poligrafii –
05-270 Marki (Polen) – ul. Słoneczna 3C – www.buecherdrucken24.de
Internet: www.calwer.com
E-mail: info@calwer.com

Inhalt

Vorwort

Dieses kleine Buch ist eine Fortsetzung des 2019 in dieser Reihe erschienen Bandes „Wozu noch glauben? Erfahrungen und Anregungen". Es antwortet auf die Frage vieler Menschen: Muss man alles wörtlich nehmen, was in der Bibel steht? Erwachsen aus dem Lehrbetrieb an der Bergischen Universität Wuppertal sowie aus vielen Vorträgen landauf, landab, ist das Buch eine Handreichung an alle, die sich mit der Vermittlung und dem Wahrheitsanspruch der Bibel beschäftigen. Es bietet eine Orientierung zu einem sachgemäßen, verantworteten Umgang mit Bibeltexten.

Zu diesem Zweck führt das Buch in den mitunter anstrengenden Prozess hermeneutischer Vermittlung zwischen Bibeltext und heutiger Lebenswelt ein. Der Autor ist dem historisch-kritischen Zugang zur Bibel, so wie er heute im akademischen Lehrbetrieb Standard ist, verpflichtet. Das zieht die Abgrenzung von biblizistischen Lesarten der Bibel nach sich. Gleichwohl möchte das Buch zwischen unterschiedlichen Lesarten Brücken schlagen – genauso wie zwischen den antiken Textwelten und modernen Lebenswelten. Dementsprechend bemüht sich das Buch um gute Lesbarkeit.

Im ersten Teil werden grundsätzliche Überlegungen zum Bibelverständnis, zum Wahrheitsanspruch biblischer Aussagen sowie zu ihrer Verbindlichkeit angestellt. Diese Überlegungen werden im zweiten Teil an verschiedenen biblischen Textgruppen exemplarisch entfaltet. Zur besseren Lesbarkeit wird auf Fußnoten verzichtet. Stattdessen werden die Ausführungen regelmäßig anhand praktischer Beispiele verdeutlicht, in kurzen „Apropos"-Exkursen vertieft und in eingängigen Thesen gebündelt.

Mein Dank gilt meiner lieben Frau Steffi Springer, die mich wie immer mit viel Liebe bei meiner Arbeit unterstützt, sowie unserer Golden Retriever-Hündin Enya, die täglich für den nötigen körperlichen Ausgleich sorgt. Außerdem danke ich dem Calwer Verlag, der das Buch in sein Programm aufgenommen hat, und hier insbesondere Frau Stephanie Schönhof für die freundliche Betreuung. Zugedacht ist das Buch all denjenigen, die tagtäglich biblische Texte zu vermitteln haben – im Religionsunterricht, auf der Kanzel und wo immer sonst. Mögen sie das rechte Wort zur rechten Zeit finden! Im Besonderen widme ich das Buch dem langjährigen Rektor der Bergischen Universität, Professor Dr. Lambert T. Koch, verbunden mit einem herzlichen Dankeschön für immerzu wertschätzende, ja freundschaftliche Begegnungen und Begleitung über viele Jahre!

Kurt Erlemann, Ostern 2022

1. Einführende Gedanken und Thesen

Als Professor für Neues Testament werde ich immer wieder gefragt, wie man die Aussagen der Bibel zu verstehen hat – wörtlich oder eher übertragen. Damit ist die Frage ihrer Wahrheit und Gegenwartsrelevanz gestellt. Die Auslegungsgeschichte der Bibel kennt viele, teils widersprechende Ansichten zu diesem Thema. Extreme Positionen sind mit den Stichwörtern christlicher Fundamentalismus, Biblizismus und verbalinspiriertes Verständnis auf der einen und radikaler Bibelkritik auf der anderen Seite benannt. Im Laufe der Kirchengeschichte entwickelte sich zeitweise das Konzept einer *hermeneutica sacra*, das die ewig gültige Wahrheit der biblischen Aussagen voraussetzt (→ A 8). Im Gegenzug geht die *historisch-kritische Methode* davon aus, dass zwischen dem historischen Verständnis der Bibeltexte und ihrem aktuellen Wahrheitsanspruch zu unterscheiden sei (→ A 5). Mit diesen zwei Modellen steht die Frage des Bibelverständnisses im Raum: Ist die Bibel die einzigartige, über jeder Kritik stehende Selbstoffenbarung Gottes oder ein Stück historische Literatur, deren Wahrheitsanspruch je und je neu zu prüfen ist?

Das Büchlein geht den Fragen und ihren Konsequenzen für den Umgang mit den biblischen Texten und für den Glauben nach. Es fragt zuerst nach dem Begriff der Inspiration (2.1), dann nach dem Wahrheitsanspruch, der sich aus den Texten selbst ergibt (2.2), und weiter nach ihrer Verbindlichkeit (2.3). Diese grundsätzlichen Überlegungen werden im Rest des Buches an Fallbeispielen verdeutlicht. Fallbeispiele sind Prosa- und prophetische Texte (3.1, 3.2), Psalmen und hymnische Texte (3.3), mythische und legendarische Texte (3.4), Wunder- und gleichnishafte Texte (3.5, 3.6) sowie ethische und apokalyptische Texte (3.7, 3.8). Kapitel 4 bündelt die Ergebnisse. Eingestreut sind unter „Apropos“ (A 1–19) Hinweise zu einzelnen Begriffen, die das

Verständnis vertiefen sollen. Querverweise auf andere Textabschnitte (→) wollen das Gesamtverständnis fördern. Ein Register mit den wichtigsten Abkürzungen, einem Glossar für Fachbegriffe, Schlagwörtern, Bibelstellen und Literaturtipps rundet das Buch ab.

Folgende *zwölf Thesen* werden im weiteren Verlauf sukzessive entfaltet:

These 1: Die Bibel ist ein authentisches Glaubenszeugnis inspirierter Menschen und daher auch heute noch die wichtigste Offenbarungsquelle der Christenheit (→ 2).

These 2: Inspiration ist die geistliche Befähigung, das rechte Wort zur rechten Zeit zu sprechen und dadurch heilvoll zu wirken (→ 2.1).

These 3: Die Texte der Bibel verstehen sich nicht als nachprüfbare Tatsachenberichte, sondern als authentische Glaubenszeugnisse (→ 2.2).

These 4: Die „Wahrheit" biblischer Texte erschließt sich nicht aus ihrem Buchstaben, sondern aus ihrer heilschaffenden Wirkung hier und heute (→ 2.3).

These 5: Die alttestamentlichen Geschichtsbücher bezeugen den Glauben an den treuen Gott Israels, der mit allen Mitteln zu seinen Verheißungen steht (→ 3.1).

These 6: Prophetische Texte erinnern an Gottes Willen und deuten die Ausrichtung an ihm als einzigen Weg zum künftigen Heil (→ 3.2).

These 7: Psalmen und Hymnen laden mit ihrer überschwänglichen Sprache zum Lobpreis Gottes bzw. Christi ein (→ 3.3).

These 8: Mythen sind unverzichtbar, denn sie legen die transzendente Dimension der Wirklichkeit offen und arbeiten menschlichen Urängsten entgegen (→ 3.4).

These 9: Wundertexte transportieren die Hoffnung, dass Gott mit seiner Schöpfermacht alles Leid und die Vergänglichkeit beenden wird (→ 3.5).

These 10: Gleichnisse und Metaphern sind die Sprachform der Wahl, um von Gott zu sprechen, und daher unverzichtbare „Fenster zum Himmel" (→ 3.6).

These 11: Ethische Weisungen der Bibel sind für die christliche Ethik heute insofern relevant, als sie das Wohl des Menschen und weltweiten *shal*óm fördern (→ 3.7).

These 12: Apokalyptische Texte spenden tiefen Trost, denn sie weisen auf Gott hin, der alle vorstellbaren Katastrophen überwinden und die Welt erneuern wird (→ 3.8).

2. Grundsätzliche Überlegungen

These 1: Die Bibel ist ein authentisches Glaubenszeugnis inspirierter Menschen und daher auch heute noch die wichtigste Offenbarungsquelle der Christenheit.

Grundsätzliche Überlegungen betreffen vorab das Bibelverständnis, insbesondere die Frage der Inspiration biblischer Texte (2.1), sodann den Wahrheitsanspruch, der aus den biblischen Texten selber spricht (2.2), und schließlich die Frage der Gegenwartsrelevanz bzw. der Verbindlichkeit biblischer Texte und Aussagen für die heutige Zeit (2.3). Eingestreut sind kleine Exkurse zur Entstehung des Neuen Testaments (A 1), zur Bibelkritik der Aufklärung (A 2), zur Verbalinspiration (A 3), zum Stellenwert des rational-wissenschaftlichen Wahrheitsbegriffs (A 4), zur historisch-kritischen Methode (A 5), zu den Erkenntnissen der Formkritik (A 6), zur Hermeneutik (A 7) und einer *hermeneutica sacra* (A 8) sowie zum biblischen Wahrheitsbegriff (A 9). Leitend ist das Verständnis der Bibel als einer Sammlung authentischer Glaubenszeugnisse inspirierter Menschen, die als solche die wichtigste Offenbarungsquelle der Christenheit darstellt.

2.1 Die Inspiration der Bibel

These 2: Inspiration ist die geistliche Befähigung, das rechte Wort zur rechten Zeit zu sprechen und dadurch heilvoll zu wirken.

Mit dem Thema Bibelauslegung eng verbunden ist der Begriff der Inspiration. *Inspiratio* (lat.) enthält das Wort *spiritus* (Geist, Wind, Atem) und bedeutet wörtlich „Einhauchung“. Gemeint ist eine Eingebung des Heiligen Geistes bei bestimmten Tätigkeiten, etwa bei der Verkündigung, aber auch bei der Formulierung biblischer Texte. Dem Heiligen

Geist kommt bei einem inspirierten Bibelverständnis eine zentrale Rolle zu. Letztlich gilt er als der Autor der Texte, selbst wenn historische Personen wie die Evangelisten, Psalmdichter oder Briefeschreiber als historische, menschliche Autoren namhaft gemacht werden. Diese Personen seien vom Heiligen Geist inspiriert gewesen, so die Auffassung.

Unterschiedlich wird dabei der Grad eigenständigen Denkens und Formulierens dieser historischen Autoren eingeschätzt. Der strengste Begriff von Inspiration liegt der Auffassung von der *Verbalinspiration* zugrunde (→ A 3). Die uns vorliegenden Bibeltexte sind dieser Auffassung zufolge das unmittelbare Wort Gottes; dementsprechend sei die Bibel wörtlich, als Einhauchung göttlicher Offenbarung, zu verstehen. Einen Auslegungsspielraum gibt es hier – wie im konservativen Koranverständnis – nicht.

Inspiration kann aber auch als *historisch-dynamische Inspiration* verstanden werden. Dieses Verständnis ist in unserer Alltagssprache gang und gäbe, wenn wir etwa die Wirkung einer gelungenen Predigt, eines gelungenen Vortrags oder eines gelungenen Gesprächs umschreiben. „Hier hat jemand das rechte Wort zur rechten Zeit gesagt" ist eine Formulierung, die eine passende, von heilvoller Wirkung gekrönte Aussage bezeichnet. Eine solche Aussage kann auch „inspiriert" genannt werden, wenn hinter ihr eine höhere Macht – Gott oder der Heilige Geist – gesehen wird. Ich selbst bete vor einer Predigt regelmäßig um den Beistand des Heiligen Geistes, damit das, was ich zu sagen habe, auch „ankommt", eine positive Wirkung entfaltet, die Herzen erreicht und im besten Falle dem Leben einen richtungsweisenden Impuls gibt.

Beispiel 1: „I have a dream" lautet der berühmte Satz von Martin Luther King, der damit die Befindlichkeit seiner Zuhörerinnen und Zuhörer, ihre Sehnsucht nach Gerechtigkeit, Freiheit und Toleranz in der amerikanischen Gesellschaft der 1960er Jahre traf und ein Weckruf der ganz besonderen Art mit Nachwirkung bis heute wurde. Der

Satz kann in seiner Treffsicherheit und positiven Wirkung durchaus als „inspiriert" gelten.

Beispiel 2: John Lennons Songs „Give Peace A Chance" (1968) und „Imagine" (1971) wurden zu Slogans der Friedensbewegungen über den ganzen Globus hinweg. Gerade heute entfalten sie wieder eine völkerverbindende Kraft, um für Frieden zu demonstrieren.

Das richtige Wort zur rechten Zeit zu finden oder eingegeben zu bekommen bedeutet nicht automatisch, dass dieses Wort von Stund' an für alle Zeit Wahrheitsanspruch erheben könne oder müsse. Das inspirierte Wort ist für eine ganz bestimmte historische Situation richtig und wichtig – mehr erst einmal nicht. Der historisch-dynamische Inspirationsbegriff trägt dem Umstand Rechnung, dass unterschiedliche Situationen unterschiedliche Reaktionen, dass unterschiedliche Problem- und Fragestellungen unterschiedliche Antworten erfordern.

Beispiel: Ein Blick auf die Kindererziehung bzw. auf die Pädagogik an Schulen macht das plausibel. Welche Reaktion, welche Antwort einem Kind gerade weiterhilft in seiner Entwicklung, das kann heute völlig anders aussehen als gestern oder morgen. In der einen Situation müssen Kinder aufgebaut und getröstet werden, in der anderen brauchen sie Korrektur und Grenzen, um in ihrer Entwicklung weiterzukommen.

Auf die Bibel übertragen meint historisch-dynamische Inspiration, dass die Psalmdichter, Evangelisten und Briefeschreiber vom Heiligen Geist inspiriert waren, um auf bestimmte Frage- und Problemstellungen ihrer Zeit passend, verständlich und heilvoll antworten zu können. Das setzt voraus, dass die biblischen Texte nicht von theologischen „Schreibtischtätern" mit dem Anspruch ewig gültiger, systematisch stimmiger Wahrheit verfasst wurden, sondern als eine zuerst einmal tagesaktuelle Antwort auf eine ganz bestimmte historische Fragestellung.

Beispiel 1: Die Paulusbriefe arbeiten tagesaktuelle Fragestellungen der Zielgemeinden ab. Der Erste Korintherbrief etwa behandelt das Problem von Spaltungen, von Unzuchtsvergehen, von falsch verstandenem Charisma, von sozialen Gegensätzen sowie von einem problematischen Osterglauben. Der Römerbrief ist allgemeiner gehalten und bezieht sich auf typische Fragestellungen gemischter Gemeinden wie die mangelnde gegenseitige Akzeptanz ehemaliger Juden und Nichtjuden, die Frage der Beschneidung und des Verhaltens gegenüber der staatlichen Obrigkeit. Die Aktualität der Briefe ist durch zeitaktuelle Anspielungen, durch Grußlisten und andere Auskünfte verbürgt.

Beispiel 2: Auch die Evangelien lassen unterschiedliche Problemlagen erkennen: Das Matthäus- und das Johannesevangelium reflektieren Erfahrungen der Aus- und Abgrenzung zwischen jesusgläubigen und nicht jesusgläubigen Juden. Das Lukasevangelium versucht zwischen diesen beiden Gruppen zu vermitteln, die Apostelgeschichte rechtfertigt die beschneidungsfreie Mission des Paulus unter Nichtjuden, das Markusevangelium reflektiert unter anderem die Erfahrung der Ablehnung Jesu und der frühchristlichen Verkündiger.

Die wirkungsträchtige Aufforderung des Paulus in Röm 13,1–7, Christenmenschen mögen die staatliche Obrigkeit anerkennen, da sie für Ordnung sorge, ist für den Apostel eine Ansage, die das Überleben der kleinen christlichen Gemeinde in Rom sichern sollte. Eine Kirche mit gesellschaftlicher Gestaltungskraft, wie wir sie heute (noch) kennen, kann sich nicht auf diese Position des Paulus berufen, um Gewaltherrschaft zu unterstützen – im Gegenteil! Die Auskunft des Paulus half der römischen Gemeinde so sehr auf ihrem Glaubensweg, dass sie sie immer wieder lasen und zitierten. Als sich herausstellte, dass die Aussagen von Psalmdichtern, Propheten, Evangelisten und Briefeschreibern auch über den tagesaktuellen Anlass hinaus Orientierung zu geben vermochten, wurden sie irgendwann als „heilige Schriften" gesammelt, gegebenenfalls etwas aktualisiert und in den Kanon (wörtlich: Richtschnur) der Bibel aufgenommen (→ A 1).

Ein historisch-dynamisches Inspirationsverständnis würdigt den Heiligen Geist als göttliche Kraft, die dem gesprochenen oder geschriebenen Wort Treffsicherheit und heilvolle Wirkung schenkt. Aber sie zollt auch der Einsicht Rechnung, dass sich die Lebenslagen der Menschen ändern und sie immer wieder neue Antworten benötigen, um auf ihrem Weg weiterzukommen. Der skizzierte Inspirationsbegriff erklärt damit auch die Unterschiede im Wortlaut der vier Evangelien, die „Unstimmigkeiten“ und Spannungen zwischen manchen Aussagen des Paulus oder auch Spannungen im Gottesbild, in der Christologie und in der Ethik. Darin liegt ein großer Vorteil gegenüber einem strengen Begriff von „Verbalinspiration“.

Beispiel: Alttestamentliche Propheten warnen in der einen Situation das Volk Israel vor Gottes Gericht und in der anderen kündigen sie sein heilvolles Eingreifen an. Heils- und Unheilsprophetie bilden keinen Widerspruch im Gottesbild, sondern bezeugen den Glauben an einen Gott, der sich in einer lebendigen, dynamischen Beziehung zu seinem Volk befindet, für welches er „das Beste will“, und der zu seinen Verheißungen steht.

So betrachtet, stellt die Vierzahl der Evangelien nicht vor das historische Problem, welches Evangelium historisch am verlässlichsten sei oder ob die vier Evangelien angesichts vieler Unterschiede in der Darstellung Jesu und seiner Botschaft überhaupt vertrauenswürdig seien. Vielmehr haben sie Modellcharakter, wie in unterschiedlichen historischen Situationen die Jesuserinnerungen in einer inspirierten Art und Weise aktualisiert und zugespitzt werden können. Der Modellcharakter der Evangelien leitet dazu an, in der heutigen Verkündigung Jesu Lehre immer wieder neu und passgenau auf die Frage- und Problemstellungen der Menschen zuzuspitzen. Das verschafft eine heilvolle Freiheit gegenüber dem buchstäblichen Textverständnis, ja sogar die Verpflichtung, sich der Aufgabe der Neuformulierung der in den Texten schlummernden „Wahrheit“ zu stellen (→ A 7).

Fazit: Die Bibel – inspiriertes Glaubenszeugnis

Die Bibel ist ein durchweg inspiriertes Buch und ein authentisches Glaubenszeugnis. Sie wurde von inspirierten Menschen in einmaligen historischen Situationen für Menschen mit den Fragen und Problemen ihrer Zeit verfasst. Für diese Situationen und für vergleichbare, spätere Situationen fanden sie das rechte Wort zur rechten Zeit und halfen damit den damaligen Leserinnen und Lesern auf ihrem Glaubensweg weiter. Da die biblischen Texte das Potenzial besitzen, auch in heutige Zeiten hineinzusprechen und für heutige Fragen und Probleme inspirierte Lösungen anzubieten, stellen sie einen Kanon „heiliger" Schriften der Christenheit dar. Da diese Texte jedoch nicht verbalinspiriert sind, stellt sich für Auslegerinnen und Ausleger die Aufgabe, die Wahrheit in den Texten immer wieder neu zu entdecken und zu formulieren.

Apropos 1: Entstehung des Neuen Testaments

Die Schriften der frühchristlichen Autoren waren nicht von vornherein für alle Zeiten gedacht. Dass wir heute eine Bibel aus Altem und Neuem Testament haben, verdankt sich einer jahrhundertelangen Entwicklung, in der die ursprünglichen Schriften weitergegeben, gesammelt und kritisch ausgewählt wurden. Die Verschriftlichung der mündlichen Jesustraditionen war einer sich verändernden Zeit geschuldet, in der die Augenzeugen Jesu nach und nach ausstarben und allerlei Legenden und fragwürdige, apokryphe Auskünfte über Jesu Leben und Lehre in Umlauf kamen.

Ein wesentliches Kriterium der Kanonisierung einer Schrift war, ob sie die immer neuen Fragen und Probleme frühchristlicher Gemeinden auffangen und einer heilvollen Lösung zuführen konnte. Andere Kriterien waren die Abfassung durch einen Apostel oder Apostelschüler (Apostolizität), die weite Verbreitung (Konsenskriterium) und die theologische Qualität der Schrift. Theologisch interessante

Texte wie der Erste Klemensbrief und das Thomasevangelium sowie anekdotenhafte, erbauliche Texte wie die Apokryphen fielen bei diesem Prozess aus unterschiedlichen Gründen durch die Maschen.

Gegen Mitte des 2. Jahrhunderts gingen die Gemeinden daran, einen Kanon (von gr. *kánon*, Richtschnur) heiliger, verbindlicher Schriften zusammenzustellen, um eine gemeinsame Schriftgrundlage zu haben und sich gegen abweichende Lehren und „Kanones" abzugrenzen (vgl. den antijüdisch ausgerichteten Kanon des gnostischen Theologen Markion, Mitte 2. Jh.). Ein erster verbindlicher Kanon war der sogenannte *Canon Muratori* Ende des 2. Jahrhunderts, der schon die Vierzahl der Evangelien kannte. Der Prozess bis zum heutigen Neuen Testament dauerte bis zum Ende des 4. Jahrhunderts. Die Synode von Hippo Regius (393 n.Chr.) bildete einen Schlusspunkt der Entwicklung. Der damals festgelegte Kanon enthält die heute noch geltenden 27 Schriften des Neuen Testaments.

Lange Zeit waren bestimmte Schriften, wie die Johannesoffenbarung, der Zweite Petrusbrief und der Hebräerbrief, als Teile des Kanons umstritten. Andere Schriften, wie etwa der frühchristliche Hirt des Hermas, der Dritte Korintherbrief und das ebenfalls apokryphe Ägypterevangelium, genossen in Teilen der Kirche lange Zeit kanonische Würde.

Bis heute gibt es Unterschiede im Aufbau des Neuen Testaments: Während die katholische Einheitsübersetzung, die Zürcher Bibel und die griechische Ausgabe (Novum Testamentum Graece) den Hebräerbrief direkt hinter die paulinischen Briefe und vor Jakobus- und Petrusbriefe setzen und zwischen den Johannesbriefen und der Offenbarung lediglich der Judasbrief steht, ordnet die Lutherbibel den Hebräerbrief hinter die Petrus- und Johannesbriefe und vor dem Jakobus- und Judasbrief ein.

Fazit: Der heutige Kanon ist kein Produkt einer einzelnen Synode oder eines Papstes, sondern Ergebnis jahrhundertelangen Wachstums und sukzessiver Selektion. Dabei spielte das Konsenskriterium bzw. die kirchenweite Selbstdurchsetzung der Schriften in den ersten Jahrhunderten eine herausragende Rolle.

Apropos 2: Bibelkritik in der Aufklärung

Die europäische Aufklärung ab dem 17. Jh. orientiert sich am naturwissenschaftlich-rationalen Wahrheitsbegriff. In der Konsequenz wird der Wahrheitsanspruch vieler biblischer Texte und Aussagen bezweifelt, da sie weder historisch beweisbar noch experimentell überprüfbar seien. Die Wunderfrage wird dabei zur Gretchenfrage, an welcher die Wahrheit der Bibel insgesamt gemessen wird. Wunder werden als unglaubwürdig eingestuft, da sie den deterministisch gedachten Naturgesetzen widersprächen (so Baruch de Spinoza [1632–1677] u.a.). Daher werden sie als mythenhafte Märchen eingestuft – es sei denn, sie lassen sich als rational erklärbare Phänomene erweisen. Der Bibelkritiker Hermann Samuel Reimarus (1694–1768) geißelt die Wunder Jesu gar als vorsätzliche Irreführung leichtgläubiger, wundersüchtiger und unwissender Menschen der Antike. Laut dem Philosophen David Hume (1711–1776) gehören die Wunder zum Aberglauben ungebildeter Menschen:

> „Ein Wunder ist eine Verletzung der Naturgesetze, und da eine feststehende und unveränderliche Erfahrung diese Gesetze gegeben hat, so ist der Beweis gegen ein Wunder aus der Natur der Sache selbst so vollgültig, wie sich eine Begründung durch Erfahrung nur irgend denken läßt" (David Hume, Eine Untersuchung über den menschlichen Verstand [Hg. J. Kulenkampff, PhB 35], Hamburg, 13. Auflage 1993, S. 134).

Für den Philosophen Ludwig Feuerbach (1804–1872) sind Wundertexte Projektionen kindlicher Sehnsüchte, die beim rational denkenden Erwachsenen überwunden seien. – Die wissenschaftlich-rationale Sicht bestimmt bis heute die Forschung. So warnt der Neutestamentler Hans Weder (geb. 1946): „Vor dem zunehmenden Hang, die naturwissenschaftliche Verfaßtheit unseres Denkens bezweifeln zu wollen, kann nicht genug gewarnt werden“ (Hermeneutik, S. 59). Als Reaktion auf die aufklärerische Bibelkritik erfolgt der breit angelegte, theologische Versuch, Wunder- und andere Texte der Bibel rational oder als Mythen zu deuten (→ A 13).

Apropos 3: Verbalinspiration

Diese Lehre von der Verbalinspiration sieht im Heiligen Geist den eigentlichen Autor der Bibel, und zwar bis in die wörtlichen Formulierungen hinein. Die historischen Autoren waren zwar keine willenlosen Schreibwerkzeuge, aber ließen sich vollkommen inspirieren. Diese vom Kirchenvater Augustin (354–430) und später von der Lutherischen Orthodoxie im 17. Jahrhundert entwickelte Lehre sieht den biblischen Text, zumindest in seiner griechischen bzw. hebräischen Urfassung, als irrtumsfrei, widerspruchslos und in sich einheitlich an. Die Bibel ist allzeit gültige Offenbarung Gottes; ihre Aussagen stehen über jeder Kritik. In der Folge wird eine kritische Auseinandersetzung mit den biblischen Texten abgelehnt. Das ist die hermeneutische Grundlage vieler evangelikaler Kreise bis heute (vgl. die *Chicago-Erklärung* von 1978). Historische Arbeit am Text wird auf die textkritische Sicherstellung des verbalinspirierten Urtextes begrenzt.

Von Verbalinspiration zu unterscheiden sind *Personalinspiration* (inspiriert ist nicht der Text, sondern der Autor), *Realinspiration* (inspiriert ist nicht der Buchstabe, sondern der Inhalt) und *Ganzinspiration* (die Bibel ist als Ganzes inspiriertes Wort Gottes). Das Inspirationsverständnis hat direkte Auswirkungen auf die Auslegungsmethode (→ A 5; A 8).

2.2 Der Wahrheitsanspruch biblischer Texte

These 3: Die Texte der Bibel verstehen sich nicht als nachprüfbare Tatsachenberichte, sondern als authentische Glaubenszeugnisse.

Schon im Neuen Testament selbst spiegelt sich die Herausforderung, die Wahrheit des Evangeliums immer wieder neuen und anderen Menschen zu vermitteln. Schon immer wurde der wörtliche Sinn vieler Texte als sperrig empfunden, als etwas, was sich rational-naturwissenschaftlichem Zugriff verschließt und die Wahrheit des Textes in Frage stellt.

Beispiel 1: Die Ankündigung Jesu, das Reich Gottes werde noch zu Lebzeiten der ersten Glaubensgeneration eintreffen (Mk 9,1parr.), wurde spätestens an dem Punkt problematisch, als die Augenzeugen Jesu nach und nach wegstarben. Die Evangelien verarbeiten diese Erfahrung und sehen die Wahrheit der Ankündigung Jesu nicht im Wortsinn, sondern verbinden sie mit der mystischen Erfahrung der Verklärungszeugen (Mk 9,2–13parr.).

Beispiel 2: Die tiefere Wahrheit über die Erzmütter Sara und Hagar liegt für Paulus laut Gal 4,21–31 nicht in ihrem historischen Wortsinn, sondern in ihrer *allegorischen* Vorabbildung des alten und neuen Bundes (→ A 16).

Spätestens seit der europäischen Aufklärung bewegt sich die Bibelauslegung im Kontext rationaler Kritik. Der naturwissenschaftlich-rationale Wahrheitsbegriff lässt nur das als wahr gelten, was rational erklärbar, historisch bzw. naturwissenschaftlich beweisbar oder experimentell überprüfbar ist. „Wahrheit“ wird damit auf harte, beweisbare Fakten reduziert. Viele biblische Aussagen genügen diesen Ansprüchen nicht und stehen somit in der rationalen Kritik. An Wundertexten, Schöpfungserzählungen und apokalyptischen Texten lässt sich das besonders gut darstellen. Aber auch legendarisch anmutende Texte wie der Versuchungsbericht Jesu (Mt 4,1–11), seine Verklärung (Mk 9,2–13) und Himmelfahrt (Lk 24,50f.) erscheinen vor diesem Hintergrund als fromme Mythen, wenn nicht sogar als Niederschlag böswilliger Täuschungsversuche (→ A 2).

Vollends scheiden sich die Geister bei naturwissenschaftlich eindeutig „unwahren" Auskünften wie etwa bei der Jungfrauengeburt oder bei der frühchristlichen Naherwartung des Weltendes (Mk 9,1parr.; 1. Thess 4,15.17 u.a.). Die Beobachtung widersprüchlicher Aussagen, was die Auferstehungszeugen Jesu in den Evangelien und in 1. Kor 15,3–8 anbelangt, zieht ebenfalls rationale Kritik auf sich. Das alles führt in der neuzeitlichen Bibelauslegung zu groß angelegten Versuchen, die Wahrheit der umstrittenen Texte rational zu erweisen. Nach dem Motto „Und die Bibel hat doch Recht!" – so ein Bestsellertitel von Werner Keller 1955 – reißen die Versuche rationaler Textauslegung bis heute nicht ab.

Beispiele: Das Speisungswunder Mk 6,30–44parr. wird in der Wunderdeutung der Aufklärung mit nahegelegenen, verborgenen Getreidekammern erklärt. „Kultstatus" haben die Erklärung des Seewandels Jesu (Mk 6,45–52) durch unsichtbare Steine im Wasser und der Sturmstillung (Mk 4,35–41) durch einen plötzlich abflauenden Fallwind über dem See Genezareth. Angebliche Totenerweckungen werden schon in der Antike mit der Scheintodhypothese erklärt. Die Rede vom leeren Grab am Ostermorgen erweckte von Anfang an den Verdacht, die Jüngerinnen und Jünger hätten den Leichnam Jesu entwendet, um seine Auferstehung behaupten zu können.

So faszinierend und verblüffend im Einzelnen die Versuche sind, die Wahrheit der Bibel auf diese Art und Weise zu retten, so sehr führen sie in eine theologische Sackgasse und werden dem Wahrheitsanspruch der Texte nicht gerecht. Wundertexte zum Beispiel lassen, rational erklärt, das Geschehen zwar als glaubwürdig dastehen, verlieren aber durch solche Versuche gerade ihre Wunderhaftigkeit; ist das Wundergeschehen erst einmal rational erklärt, ist es kein Wunder mehr! (→ 3.5)

Das führt zur Frage nach dem Wahrheitsanspruch, den die biblischen Texte selbst erkennen lassen. Wundertexte etwa machen deutlich, dass das geschilderte Geschehen auf historischer Erinnerung beruht: Jesus hat Wunder getan! Die Texte provozieren geradezu den Konflikt mit dem rationalen Verstand. Auch hymnische Texte wie Psalmen, das Magnificat der Maria (Lk 1,46–56) oder der paulinische Christushymnus (Phil 2,6–11) erheben nicht den Anspruch präziser Nachweisbarkeit des Gesagten; es geht ihnen vielmehr darum, die Bedeutung Gottes oder Jesu Christi mit allen Mitteln blumiger Sprache hervorzuheben. Hymnische Texte sind *ad maiorem gloriam* (zur höheren Ehre) Gottes bzw. Jesu Christi geschrieben; Details sind hier nicht auf die Goldwaage zu legen! Vergleichbar ist dieses Vorgehen mit Liebeslyrik: Auch sie erhebt nicht den Anspruch, rational als „richtig" oder „falsch" erwiesen zu werden, sondern die Gefühle für den geliebten Menschen möglichst wortreich und eindrücklich herauszuarbeiten. Übertreibungen (rational gesehen) gehören hier unbedingt dazu.

Weisheitssprüche und Metaphern sind ebenfalls keine Sprachformen, die rational „beweisbar" sein wollen. Hier geht es um komprimierte Lebenserfahrung (Weisheitssprüche) bzw. um kreativen Umgang mit und um die tiefere Deutung der Wirklichkeit (Metaphern). Apokalyptische Texte wollen keinen nachprüfbaren Endzeitfahrplan aufstellen, sondern begegnen mit ihren düsteren Darstellungen menschlichen Urängsten und arbeiten Gottes Schöpferkraft heraus. Aussagen über das nahe Weltende dienen keiner berechenbaren Information, sondern dem klugen Verhalten in der Gegenwart. Die Evangelien schließlich sind kein minutiöses Tagebuch des Lebens Jesu, sondern authentische Glaubenszeugnisse mit dem Anspruch, die Göttlichkeit und Messianität Jesu herauszustreichen.

Diese formkritischen Überlegungen führen zu mehreren begrifflichen Unterscheidungen: Zuerst einmal ist *zwischen harten Fakten* im Sinne rationaler Wissenschaft *und weichen Fakten* im Sinne der Bibel und des Glaubens zu unterscheiden. Die Bibel öffnet den Blick auf eine Wirklichkeit, die so nicht „beweisbar“ ist, sich aber glaubenden Menschen als durchaus reale (Gegen-)Wirklichkeit erschließt. Wer eine Antenne für Liebe, Weisheit, Dichtung, Religion und Mystik hat, für den erscheint die Welt durchzogen vom Walten Gottes, für den sind Wunder eine durchaus reale Möglichkeit und Erfahrung, für den ist Jesus von Nazareth eindeutig der gottgesandte Erlöser der Welt, selbst wenn äußere Fakten dagegensprechen. Weiche Fakten sind demnach solche, die die persönliche Wirklichkeitserfahrung betreffen, die sich nicht objektivieren lassen, die aber trotzdem für denjenigen, der sie erfährt, den Rang harter Fakten einnehmen.

Beispiel 1: Eine junge Mutter erlebt die Geburt ihres Kindes als ein himmlisches Wunder, zumal die Schwangerschaft alles andere als komplikationsfrei verlief. Für die beteiligten Ärzte und die Hebamme ist der Vorgang das Ergebnis langjähriger Erfahrung und Routine.

Beispiel 2: Die unfreiwillige Verzögerung bei der Abfahrt von zuhause kann dem Autofahrer in dem Moment als göttliche Fügung vorkommen, wenn er den Unfall, der sich kurz vor ihm auf der Autobahn ereignet hat, wahrnimmt. Die entscheidende, eigentlich ärgerliche Verzögerung vor der Abfahrt hatte ihn offensichtlich vor Schlimmerem bewahrt. Der Vorgang lässt sich natürlich auch als Zufall deuten.

Eine zweite Unterscheidung betrifft die Begriffe *Faktizität, Faktualität und Fiktionalität*. Der naturwissenschaftlich-rationale Blick auf die Wirklichkeit pocht auf erweisbare Faktizität, das heißt auf die Übereinstimmung des Gesagten mit erweisbaren historischen oder naturwissenschaftlichen, harten Fakten. Die einzige Faktizität, die sich aus den Evangelien über Jesus von Nazareth ableiten lässt, ist, dass er tatsächlich lebte und unter Pontius Pilatus als politischer Aufrührer gekreuzigt wurde. Das wird durch außerchristliche Quellen bestätigt und darf damit als erwiesen gelten.

Beispiel 1: Der römische Geschichtsschreiber Tacitus (ca. 55–120 n.Chr.) erwähnt Christus in seinen Annalen, Buch XV, 44,3 (Text ca. 117 n.Chr., bei der Schilderung des Brands von Rom 64 n.Chr.): Nero hat die wegen ihrer Schandtaten Chrestianer genannten Leute bestraft und: „Der Mann, von dem sich dieser Name herleitet, Christus, war unter der Herrschaft des Tiberius auf Veranlassung des Prokurators Pontius Pilatus hingerichtet worden; und für den Augenblick unterdrückt, brach der unheilvolle Aberglaube wieder hervor, nicht nur in Judäa, dem Ursprungsland dieses Übels, sondern auch in Rom, wo aus der ganzen Welt alle Gräuel und Scheußlichkeiten zusammenströmen und gefeiert werden."

Beispiel 2: Der römische Kaiserbiograph Sueton (ca. 70–130) kommt in seiner Biographie des Kaisers Claudius, 25,4 (um 120 n.Chr.; Darstellung im Zusammenhang des Claudius-Edikts von 41 oder 49 n.Chr., vgl. Apg 18,2) auf Christus zu sprechen: „Die Juden vertrieb er aus Rom, weil sie, von Chrestus (= dem Freundlichen) aufgehetzt, fortwährend Unruhe stifteten." – Vgl. dazu Tertullian, Apol. 3: Noch zu Beginn des 3. Jh. wurden Christen „Chrestianer" genannt (ein Missverständnis!).

Von Faktizität ist *Faktualität* zu unterscheiden. Wundertexte etwa verweisen auf ein historisches Geschehen (Wunder sind geschehen!), ohne den Anspruch einer minutiösen Übereinstimmung zwischen dem historischen Geschehen und seiner narrativen Ausgestaltung zu erheben. Dass Jesus Wunder getan hat, steht für die Evangelisten außer Frage. Welche er genau getan hat, wann und wie, bleibt historisch jedoch offen. Wundertexte gründen auf weichen Fakten – auf der Erinnerung von Zeitzeugen, die Jesus als göttlichen Wundertäter erlebt und erfahren haben. Das genügt als „Beweisgrund" für die Wunderdarstellung. Die Wahrheit von Wundertexten erschließt sich nicht wissenschaftlich-rationaler Überprüfung, sondern menschlicher Erfahrung. – *Fiktionalität* schließlich kennen wir aus Märchen, Fabeln und Legenden. Solche Texte und Medien geben klar zu erkennen, dass sie keine erlebte Wirklichkeit, sondern eine Phantasiewelt beschreiben. Beginnen Grimms Märchen stereotyp mit „Es war einmal ...", signalisieren sie damit ihren fiktionalen Charakter. Die Wahrheit biblischer Texte ist in aller Regel *zwischen* Faktizität und Fiktionalität zu suchen. Sie bieten weder harte Fakten noch Märchen; dazwischen liegt ihre Wahrheit – eine Wahrheit, die sich nur einer bestimmten Optik auf die Wirklichkeit, nämlich der religiös-mystischen Optik, erschließt (→ A 4).

Fazit: Die Bibel – authentisches Glaubenszeugnis

Die Wahrheit biblischer Texte ist nicht an der Messlatte des naturwissenschaftlich-rationalen Wahrheitsbegriffs zu messen. Die Bibel erzählt von Glaubenserfahrungen und lädt zum Mitglauben ein. Dementsprechend erheben die Texte nicht den Anspruch der historisch exakten Wiedergabe harter historischer Fakten (Faktizität), sondern den Anspruch, gesammelte Glaubenserfahrungen vieler Menschen authentisch und glaubwürdig wiederzugeben (Faktualität). Die entscheidende Glaubenswahrheit, die sie vermitteln und für die sie Werbung machen möchten, ist der Glaube an den geschichtsmächtigen, treuen Gott Israels und an seinen Sohn, den Christus Jesus von Nazareth. Zu diesem Zweck erzählen sie von Gott und seinem Sohn in den höchsten Tönen und lassen ihnen so die Ehre zukommen, die ihnen dem Glauben gemäß gebührt. Die Auslegung biblischer Texte hat dieser formkritischen Grunderkenntnis zu folgen (→ A 6).

Apropos 4: Verschiedene Optiken auf die Wirklichkeit

Der naturwissenschaftlich-rationale Wahrheitsbegriff erkennt nur das als Wahrheit an, was wissenschaftlich oder historisch überprüfbar ist. Diese *nüchtern-analytische Optik* ist konsequent an der mit den fünf Sinnen wahrnehmbaren Welt ausgerichtet, fragt nach Kausalitäten und orientiert sich an Naturgesetzen. Was den Kriterien rationaler Beweisbarkeit nicht genügt, wird grundsätzlich kritisiert.

Beispiel: Schulmedizin und Pharmaindustrie machen die Abrechnungsfähigkeit medizinischer Maßnahmen und ärztlicher Rezepte von ihrer wissenschaftlich erwiesenen Heilwirkung abhängig. Das ist konsequent und folgt einer inneren Logik. Alternative medizinische Ansätze, die sich lediglich auf subjektive positive Erfahrungen von Patientinnen und Patienten stützen, werden unter Hinweis auf Placebo-Effekte grundsätzlich abgelehnt.

Dass der nüchtern-analytische Blick auf die Wirklichkeit Grenzen hat, zeigt ein Blick auf die Liebe: Wer liebt, nimmt die Wirklichkeit anders wahr als ein neutraler Beobachter. Der Himmel ist „voller Geigen", alles erscheint rosarot, im Bauch „flattern Schmetterlinge". Der geliebte Partner ist der „beste Mann" oder „die beste Frau" der Welt, das eigene Kind natürlich auch. Unbestritten ist, dass *der liebend-empathische Blick* einer nüchternen, an harten Fakten orientierten Optik nicht immer standhält. Doch darum geht es in der Liebe nicht; was richtig oder falsch ist, bemisst sich hier an anderen Kriterien. Deutlich ist auch, dass sich die liebend-empathische Optik nicht objektivieren lässt; Liebeserfahrungen sind weiche Fakten und als solche subjektiv, aber für den liebenden Menschen durchaus real.

Beispiel: Der Fußballsport ist, nüchtern-analytisch betrachtet, ein Mannschaftssport, in dem zwei aus je elf Spielerinnen oder Spielern bestehende Teams versuchen, über 90 Minuten den Ball ins gegnerische Tor zu schießen. In dieser Optik hat der Sport auch eine nachweisbare massenpsychologische Dimension (als sozial verbindender „Nationalsport") und eine messbare ökonomische Dimension (als Geldmaschine). Für die Fans einer Fußballmannschaft ist diese nüchtern-analytische Betrachtung nicht entscheidend; sie verklären „ihre" Mannschaft als die beste, halten ihr die Treue, leiden und jubeln mit ihr mit.

In die Kategorien richtig oder falsch lassen sich auch keine Gedichte, lässt sich keine Liebeslyrik pressen. *Die ästhetisch-poetische Optik* auf die Wirklichkeit kann aber verborgene Zusammenhänge im Weltgeschehen bewusst machen. Metaphern, Vergleiche und Allegorien deuten die Welt, legen Tiefendimensionen offen, die dem nüchtern-analytischen Blick verborgen bleiben (müssen). Die poetischen Verdichtungen haben das Potenzial, die Wirklichkeit zu verändern, indem sie zur Kritik an bestehenden Sichtweisen anleiten oder Visionen vom besseren Leben entstehen lassen. – Ebenfalls dem Urteil *richtig oder falsch* entzogen sind ästhetische Urteile über Kunstwerke. Was den einen anspricht und für ihn eine „Offenbarung" ist, ist für die andere belanglos oder gar geschmacklos.

Beispiel 1: Die erotischen Beschreibungen im alttestamentlichen Hohenlied Salomos sind voller metaphorischer Umschreibungen und Übertreibungen. Diese sind wissenschaftlich nicht messbar und wollen auch gar nicht mit der Brille einer nüchtern-analytischen Optik gelesen werden. Sie umschreiben vielmehr die einzigartige Beziehung zweier Menschen zueinander bzw., auf einer tieferen Ebene, die Beziehung Gottes zu seinem Volk.

Beispiel 2: Die surrealen Allegorien der Johannesoffenbarung lassen sich nicht wörtlich, im Sinne eines Endzeitfahrplans, deuten, sondern klären darüber auf, welche Mächte in der Endzeit am Werk sind und gegen welche Widerstände sich Gott einst durchsetzen wird.

Ähnlich sind auch *die weisheitliche und die esoterische Wirklichkeitssicht* naturwissenschaftlich-technischer Logik entzogen. Obwohl weisheitliche Sprichwörter und Sentenzen auf kollektiver menschlicher Erfahrung basieren und somit empirisch ausgewiesen sind, und obwohl die Esoterik auf nachvollziehbare, empirisch überprüfbare Kausalitäten verweist, fallen beide Bereiche durch das Raster strenger Rationalität. Sprichwörter bündeln zwar menschliche Erfahrung, sind aber nicht objektivierbar in dem Sinne, dass sie wie Naturgesetze immer und überall gelten müssten. Esoterische Erkenntnisse sind, was der Name sagt: nur einem bestimmten Kreis von Menschen, „Insidern", zugängliche Erkenntnisse und insofern ebenfalls weder objektivierbar noch im Versuchslabor verifizierbar.

Beispiel 1: Das alttestamentliche Buch der Sprichwörter (Proverbien) bietet Lebensweisheiten, die den Menschen helfen sollen, ihr Leben klug und „zukunftssicher" zu gestalten. Dass aber „Hochmut vor dem Fall" kommt (Spr 16,18) oder dass, wer der Gerechtigkeit nachjagt, Leben und Ehre findet (Spr 21,21), lässt sich nicht im Sinne zwingend geltender Kausalitäten „beweisen". Außerdem beziehen sie sich letztlich auf eine transzendente Größe (Gott), der die Wahrheit dieser weisheitlichen Zusammenhänge verbürgt.

Beispiel 2: Dass die Mondphasen einen Einfluss nicht nur auf menschliche Befindlichkeiten, sondern auch auf die Nachhaltigkeit bestimmter Aktivitäten wie Blumengießen oder medizinische Operationen haben, ist für esoterische Kreise ein den Naturgesetzen vergleichbarer „Fakt", der aber nüchtern-analytischer Optik nicht standhält und dementsprechend von ihr als pseudowissenschaftlicher Humbug bewertet wird.

Eine erst in den letzten Jahrzehnten entwickelte Sicht auf die Wirklichkeit ist *die virtuell-vernetzende Optik*. Sie verdankt sich dem Internet und den digitalen sozialen Medien, die für viele Menschen ein bevorzugter Ort sind, um sich in der Wirklichkeit zu orientieren und ein soziales Leben zu führen. Dieser Ort ist weithin geprägt von Anonymität, das Selbstwertgefühl bemisst sich nach der Zahl von *followers* und *likes*. Dieses System kann aber auch durch *dislikes*, *shit-*

storms und *cybermobbing* in schwere Depressionen und Identitätskrisen führen. Wenn Verschwörungsmythen im Netz „viral" gehen, verändert das die Wahrnehmung der analogen Wirklichkeit nachhaltig und bestimmt ein Verhalten, das, nüchtern-analytisch betrachtet, irrational, wenn nicht sogar gefährlich ist.

Beispiel 1: Ein Restaurant, das im Netz massiv „gedisst" wird, weil einzelne Menschen ihre Unzufriedenheit oder auch ihren Hass in massiver Sprache verbreiten, unterliegt nicht selten einer *self-fulfilling prophecy*: Das, was im Netz behauptet wird, führt zur Abkehr anderer Menschen von jenem Restaurant und führt am Ende zu seiner Pleite.

Beispiel 2: Es gehört zum deutschen Schulalltag, dass Schülerinnen und Schüler im Netz via *cybermobbing* bloßgestellt und erpresst werden. Die Folgen sind zum Teil verheerend und können im Extremfall zum Suizid oder zu einem Amoklauf führen.

Die mythisch-personifizierende Optik auf Wirklichkeit gilt für den aufgeklärten Wahrheitsbegriff als Merkmal eines längst überholten Weltbildes, das mit der Einflussnahme göttlicher Mächte ins Weltgeschehen rechnete. Die Personifizierung von Naturgewalten in antiken Religionen etwa ist durch naturwissenschaftliche Erklärungsmodelle gründlich überholt; Schöpfungs- und Wundererzählungen gelten als Mythen, die der moderne Mensch zur Welterklärung nicht mehr braucht. Überhaupt wird die Annahme, es gebe neben der wahrnehmbaren Welt noch eine göttliche Sphäre oder eine Unterwelt, als nicht beweisbar oder als Versuch der Religionen, den Menschen Angst zu machen, zurückgewiesen. Gleichwohl lässt sich feststellen, dass auch die Moderne ihre Mythen hat und pflegt, ja dass diese eine wichtige Rolle im heutigen Weltbild spielen.

Beispiel 1: „Wirtschaftswunder" und „Wirtschaftswachstum" sind ebenso moderne Mythen wie der *American Dream* oder der Traum vom großrussischen Reich. Diese Mythen werden normalerweise nicht als Mythen wahrgenommen; gleichwohl sind sie für viele Menschen Orientierungsmarken in einer unübersichtlichen Welt und legitimieren ein bestimmtes Wirtschaftssystem oder militärische Expansionspolitik (→ 3.4).

Beispiel 2: Die Verschwörungsmythen, die heutzutage vor allem im Internet entwickelt und verbreitet werden, sind ebenfalls Versuche, die (über-)komplexe Wirklichkeit einfach, leicht verständlich und plakativ zu erklären. Gerade in der Corona-Pandemie paarte sich dies mit einem ebenfalls mythisch-apokalyptischen Schwarz-Weiß-Denken, in dem es für alles Übel in der Welt möglichst eine einzige, klar benennbare Ursache gibt und auch nur eine einzige Handlungsoption, um das Übel aus der Welt zu schaffen.

Schon gar nicht hält *die religiös-mystische Optik* auf die Wirklichkeit dem nüchtern-analytischen Blick der rationalen Naturwissenschaften Stand: Die Behauptung eines transzendenten (Schöpfer-)Gottes erscheint als autosuggestiver, neurologisch erklärbarer Reflex des menschlichen Gehirns und somit als irrational. Wer jedoch offen ist für die religiös-mystische Optik, erkennt in der Natur eine göttliche Schöpfung, sieht in der Geschichte und im Lebenslauf einzelner Menschen einen tieferen, vielleicht sogar vorgezeichneten Sinn und in vielen „Zufällen" göttliche Führung und Fügung. Wer religiös gestimmt ist, lenkt sein Bewusstsein weg vom Vordergründigen, Materiellen hin zum Spirituellen, Göttlichen und versucht mit dem Göttlichen in Harmonie zu kommen. Doch selbst wenn diese Optik mehr und mehr aus dem Bewusstsein der säkularen Öffentlichkeit verschwindet, verschafft sie sich doch in profaner Verkleidung wieder Raum.

Beispiele: Popkonzerte und Fußballspiele sind für viele Fans ein Religionsersatz bzw. eine Ersatzreligion. Der Ablauf solcher Events erinnert häufig an eine gottesdienstliche Liturgie. Und völlig problemlos wird dann vom „Fußballgott", von Maradona als seiner „rechten Hand" oder von Eric Clapton als „Gitarrengott" gesprochen. In den Wohnungen der Fans finden sich kleine „Privataltäre" (HiFi-Anlagen) mit allerlei Devotionalien („Memorabilia"), Tonträgern und anderem Krimskrams, von dem ganze Industrien leben.

Fazit: Der Durchgang zeigt, dass die nüchtern-analytische Optik auf die Wirklichkeit nicht die einzige ist, die unser Bewusstsein und unser Verhalten bestimmt. Die anderen Optiken sind nicht einfach „irrational", sondern folgen eigenen Logiken, Kausalitäten und Gesetzen. Sie sind indes nicht objektivierbar, sondern sind weiche Fakten, die für die betroffenen Menschen jedoch harten Fakten gleichkommen. Man benötigt auch keine „Schere im Kopf", um je nach Tageszeit und Lebenssituation die eine oder die andere Optik einzunehmen; nur wenige Optiken, wie etwa die esoterische und die nüchtern-analytische oder die esoterische und die religiös-mystische, sind unvereinbar. Alle anderen ergänzen sich im besten Falle zu einer umfassenden, vieldimensionalen Wirklichkeitssicht.

Apropos 5: Historisch-kritische Methode

Die historisch-kritische Methode versteht die Bibel als historisch entstandene Sammlung authentischer Glaubenszeugnisse über den Gott Israels und Jesus Christus. Die biblischen Autoren werden als historische, aber inspirierte Menschen angesehen, die das rechte Wort zur rechten Zeit sagen konnten. In der Konsequenz stellt die historisch-kritische Methode die Bibel, was die Auslegungsregeln anbelangt, mit profaner Literatur gleich. Das spiegelt sich in der Aufnahme rationaler und humanwissenschaftlicher Deutungsansätze wider.

„Historisch" ist die historisch-kritische Methode insofern, als sie auf das ursprüngliche Textverständnis ausgerichtet ist. Die Texte werden als Teile eines antiken Kommunikationsgeschehens begriffen, in welchem ein Autor mit seiner Schrift auf Fragen und Probleme seiner ursprünglichen Leserschaft reagiert. Seine Intention besteht darin, diese Fragen und Problemstellungen aufzugreifen und einer Lösung zuzuführen. Diese Lösung hängt entscheidend vom theologischen Vorwissen beider Seiten und von bestehenden Verständnismöglichkeiten ab. Ziel ist es, dem persönlichen Vorverständnis heutiger Auslegerinnen und Ausleger das mutmaßliche Erstverständnis des Textes als kritische Instanz entgegenzustellen.

„Kritisch" (von gr. *krísis*, Unterscheidung) ist die Auslegungsmethode, insofern sie mehrere Ebenen voneinander unterscheidet: *erstens*, zwischen dem Ursprungsverständnis und dem persönlichen Vorverständnis der auslegenden Person; *zweitens*, zwischen dem wörtlichen Textsinn und dem Wahrheitsanspruch des Textes; *drittens*, zwischen unterschiedlichen theologischen Lösungsansätzen in der Bibel selbst; *viertens*, zwischen dem Text als Teil des biblischen Kanons und seiner Gegenwartsrelevanz. Mit dieser Kritik trägt die Bibelauslegung dem historischen und kulturellen „garstigen Graben" (in Anlehnung an Gotthold Ephraim Lessing, „Über den Beweis des Geistes und der Kraft", 1777) Rechnung. Damit wird einer biblizistischen Eins-zu-Eins-Übertragung biblischer Auskünfte auf die heutige Zeit entgegengewirkt.

Die historisch-kritische Methode umfasst ein ganzes Bündel an einzelnen Methodenschritten, mit deren Hilfe biblische Texte nach wissenschaftlichen Standards ausgelegt werden. Die Methodenschritte sind zum Teil traditionell (z.B. synoptischer Vergleich, Traditionsgeschichte, religionsgeschichtlicher Vergleich, Realienkunde, Textkritik oder Redaktionskritik), zum Teil aus der Literaturwissenschaft übernommen (z.B. Textlinguistik, Formkritik, Textpragmatik oder Rezeptionsästhetik). Weitere Methoden stammen aus den modernen Humanwissenschaften (psychologische, sozialgeschichtliche Fragen, Genderaspekte u.a.).

Nicht entscheidet die historisch-kritische Arbeit über die Wahrheit oder die Gegenwartsrelevanz bestimmter Aussagen. Das Ziel ist ausschließlich, den Text so zum Klingen zu bringen, wie er in den Ohren der ursprünglichen Hörerinnen und Leser geklungen haben muss. Wenn dies gelingt, wird *erstens* das innovative bzw. provokative Potenzial des Textes zur Zeit seiner Entstehung sichtbar, *zweitens* ein kritisches Korrektiv gegen das eigene Vorverständnis gewonnen und *drittens* der hermeneutische Brückenschlag – die Anwendung des historischen Wissens auf aktuelle Fragen und Problemstellungen – vorbereitet. Der Brückenschlag selbst ist jedoch jenseits der historisch-kritischen Arbeit angesiedelt; er fällt in die Zuständigkeit der Hermeneutik (→ A 7).

Apropos 6: Formkritik

In der historisch-kritischen Methode weist die Formkritik auf den Zusammenhang zwischen äußerer Textform und inhaltlicher Aussagerichtung hin. Das gilt nicht nur für biblische Texte, sondern für alle möglichen Texte und für andere Kommunikations-Formate wie Werbung und Fernsehen.

Beispiel 1: Ein Liebesbrief arbeitet mit anderen sprachlichen Mitteln als ein Formbrief oder ein Bewerbungsschreiben. Wir kennen diese sprachlichen Konventionen und halten uns üblicherweise automatisch daran. Werden die Konventionen durchbrochen, führt das im besten Falle zum Schmunzeln über die „Formverwirrung" oder aber zu Missverständnissen. Die Sprachkonventionen sind kulturell gebunden; daher ist besondere Sensibilität gegenüber Menschen notwendig, die aus einer anderen Kultur stammen. Die Aufregung um die Mohammed-Karikaturen vor einigen Jahren erklärt sich vor diesem Hintergrund.

Beispiel 2: Form und Inhalt beeinflussen sich gegenseitig. So signalisiert das ARD-Tagesschau-Jingle seriöse Berichterstattung. Das Jingle der ZDF „heute-show" signalisiert, zusammen mit dem Publikumsapplaus, hingegen Satire. Die traditionelle evangelische Sonntagspredigt beginnt mit „Liebe Gemeinde“, Grimms Märchen mit „Es war einmal“. All diese Marker zeigen an, in welchem Sinne das Folgende zu verstehen ist.

Übertragen auf biblische Texte heißt das: Ihr Wahrheitsanspruch lässt sich unter anderem aus ihrer Form erschließen. Wenn es in einem Text heißt „Womit sollen wir das Himmelreich vergleichen?“ erwartet man im Folgenden ein Gleichnis, dessen Wahrheit sich nicht im Wortsinn erschöpft. Wenn es im Text heißt „Wahrlich, ich sage euch“, darf man auf ein besonders wichtiges, vielleicht auch besonders umstrittenes Wort Jesu gespannt sein. Ähnlich signalisieren Gebete, Psalmen, Hymnen usw. durch ihre Sprachform, wie sie verstanden werden wollen.

Die antike Rhetorik unterscheidet grundsätzlich drei Aussagerichtungen: Texte, die etwas darstellen wollen (*epideiktische Texte*), Texte, die zu einem bestimmten Verhalten anleiten wollen (*symbuleutische Texte*) und Texte, die zu einem Werturteil führen, etwas rechtfertigen oder eine gefallene Entscheidung begründen wollen (*dikanische Texte*). Diese Aussagerichtungen unterscheiden zu können, ist für das Verständnis von Texten und anderer sprachlicher Äußerungen wichtig.

Beispiel 1: Der Satz der Mutter zu ihrem kleinen Kind: „Ich sage dir, du wirst dir an dieser Herdplatte noch ganz fürchterlich die Finger verbrennen!“ soll nicht in erster Linie über ein zukünftiges, unabwendbares Ereignis informieren, sondern dem Kind mit drastischen Worten die Folgen seines Fehlverhaltens vor Augen führen, um es zur Verhaltensänderung (nicht mehr auf die Herdplatte zu fassen) zu bringen. Die Ansage hat demnach symbuleutischen Charakter. – Ähnlich ist der Ausruf „Es zieht!“ nicht als Information gedacht, sondern als implizite Aufforderung, das Fenster zu schließen. Man sieht, dass die Beziehungsebene oft eine ganz entscheidende Rolle beim Gelingen von Kommunikation spielt.

Beispiel 2: Prophetische Texte des Alten Testaments lesen sich häufig als Information über ein unabwendbares, künftiges Schicksal. Die Aussage „Jahwe wird zum Gericht kommen!“ soll jedoch in vielen Fällen nicht zu einer fatalistischen Haltung anleiten, als könne man eh nichts mehr ändern, sondern sie soll aufrütteln, um durch eine Verhaltensänderung das angedrohte Szenario zu vermeiden (im Sinne einer „paradoxen Intervention“; symbuleutische Ausrichtung). Liegt jedoch das entscheidende Fehlverhalten bereits in der Vergangenheit und wird dann eine entsprechende Sanktion Gottes angekündigt, erscheint diese als unabwendbar (dikanische Ausrichtung).

Beispiel 3: Die Seligpreisungen der Bergpredigt informieren, vordergründig betrachtet, über den künftigen Heilsstand der Gerechten, Sanftmütigen etc. Ihre Aussagerichtung ist jedoch symbuleutisch: Sie implizieren eine Verhaltensänderung, um den künftigen Heilsstand zu erreichen. – Glaubensbekenntnis, Christushymnen, Psalmen, das Hohelied stellen die göttliche Identität und die herausragende Bedeutung des Besungenen in höchsten Tönen heraus. Solche Texte sind grundsätzlich epideiktischer Art.

Für das rechte Verständnis sprachlicher Äußerungen und Texte ist das Wissen um diese formkritischen Unterscheidungen entscheidend. Und es hilft dabei, die rationale Kritik an vielen biblischen Aussagen zu entschärfen: Wenn man weiß, was ein Hymnus ist und was er bezweckt, weiß man auch, dass er nicht an rationaler Beweisbarkeit gemessen werden möchte, sondern in liebend-empathischer bzw. ästhetisch-poetischer Optik zu verstehen ist. Die Endzeit-Ankündigungen der Propheten und Jesu wollen in aller Regel nicht nachprüfbar über die Zukunft informieren, sondern auf die Qualität der Gegenwart und auf das, was jetzt zu tun ist, hinweisen. Somit ist das rationale Statement, Jesus habe sich in seiner Naherwartung des Gottesreiches geirrt, als formkritische Fehleinschätzung oder zumindest als einseitige Bewertung der Aussage anzusehen (→ 3.8).

2.3 Die Verbindlichkeit biblischer Texte

These 4: Die „Wahrheit" biblischer Texte erschließt sich nicht aus ihrem Buchstaben, sondern aus ihrer heilschaffenden Wirkung hier und heute.

Aus dem bisher Gesagten ergibt sich, dass biblische Aussagen nicht per se ewige Gültigkeit beanspruchen können. Der Kanon der biblischen Schriften bleibt jedoch die Richtschnur (gr. *kánon*) bzw. die über die Jahrhunderte bewährte Sammlung „heiliger" Schriften, in denen bis heute Antworten für Fragen der Zeit gefunden werden können. Allein, man muss die Antworten je und je neu entwickeln; sie liegen nicht offen da, im Buchstaben biblischer Texte. Die Eins-zu-Eins-Übernahme biblischer Auskünfte als verbindliche Wahrheit für heutige Fragen verbietet sich aufgrund des historischen Charakters der Texte. Die Texte sind zwar inspiriert, aber eben im historischen Sinne: als hilfreiches Wort zur rechten Zeit für ihre ursprüngliche Zielgruppe.

Hieraus ergibt sich als zentrale Aufgabe der Theologie und der Verkündigung, aktuelle Fragen mit den Aussagen der Bibel ins Gespräch zu bringen, Brücken zwischen der biblischen und der heutigen Welt zu schlagen. Man nennt diese Aufgabe *Hermeneutik*, das heißt: Anwendung, Übersetzung, Übertragung der biblischen Auskünfte in die Gegenwart (→ A 7). Das betrifft zum einen die Sprache und zum anderen die Frage, was in der jetzigen Situation hilfreich ist und was nicht. Nicht alle Auskünfte der Bibel sind gleichermaßen und jederzeit gleich gültig. Die Bibel ist wie ein Füllhorn, das einen großen Reichtum an hilfreichen Texten und Aussagen für unterschiedliche Fragen und Zeiten enthält, oder wie eine gut sortierte Apotheke, die allerlei Medizin vorhält, wo aber genau geschaut werden muss, was im konkreten Krankheitsfall helfen kann.

Beispiel 1: In Röm 13,1–7 fordert Paulus die Anerkennung der staatlichen Obrigkeit als Ordnungsmacht ein. Dieser Text war zu seiner Zeit und für die römische Gemeinde hilfreich, ja überlebenswichtig.

In einer Diktatur, in welcher der Staat nicht Recht und Ordnung garantiert, sondern selbst Unrecht tut, ist der Text geradezu kontraproduktiv und gefährlich.

Beispiel 2: Die Aufforderung des Paulus in 1. Kor 7,1.7f., man solle nach Möglichkeit ledig bleiben, erklärt sich aus der Weltsicht des Apostels: Die alte Weltzeit ist im Vergehen begriffen; es kommt darauf an, alle Kräfte auf das Wesentliche, sprich: auf die Bewältigung der anstehenden, apokalyptischen Krise zu konzentrieren, anstatt sich kräftezehrende Beziehungsarbeit aufzuhalsen. Wir haben heute eine andere Weltsicht (hoffentlich!) und dürfen daher auch Partnerschaften eingehen.

Die Gegenwartsrelevanz biblischer Texte ist immer wieder kritisch zu prüfen. Ein *Leitkriterium*, das über die Relevanz bzw. aktuelle „Wahrheit" des biblischen Wortes entscheidet, ist *die hilfreiche, heilvolle Wirkung*, die es entfaltet. Die Bibeltexte haben das Potenzial, immer wieder heilvolle Wirkung zu entfalten; die Frage ist nur, welche Aussagen dies in der aktuellen Situation leisten können und in welcher sprachlichen Zuspitzung. „Wahrheit" ist, so verstanden, nichts Statisches, etwas, was zu allen Zeiten und unverändert immer Geltung beanspruchen könnte. Allenfalls können Glaubensformeln, wie sie etwa im Apostolischen Glaubensbekenntnis zu finden sind, grundsätzliche Wahrheiten des christlichen Glaubens sprachlich gebündelt zum Ausdruck bringen. Um jedoch deren aktuelle Relevanz, ihre „Wahrheit" und Glaubwürdigkeit zu erkennen, müssen auch sie ausgelegt und für heutige Menschen verständlich gemacht werden.

Beispiel 1: Dass „Sünde" etwas ist, was von Gott trennt, darf als formelhafte, theologisch durchaus zutreffende Umschreibung eines wesentlichen Aspektes von Sünde betrachtet werden. Die Frage ist jedoch, wie diese Formel in die Lebenswelt heutiger Menschen zu transportieren ist, so dass sie verständlich wird und als „lebensrelevant" erfahren werden kann. Das heißt, die „Wahrheit" der Formel erschließt sich nicht, indem man sie immer wieder zitiert und als wahr glaubt, sondern indem es gelingt, sie „ins Leben“ zu übersetzen. Mit Martin Luthers Worten gesprochen: Man muss dem „Volk aufs Maul schauen“, damit die theologische Botschaft ihre Wirkung entfalten kann.

Beispiel 2: Laut dem Apostolischen Glaubensbekenntnis bekennen wir die Jungfrauengeburt als eine fundamentale Glaubenswahrheit. Diese erschließt sich nicht quasi automatisch – im Gegenteil. Daher ist der tiefere Sinn der Aussage zu entschlüsseln und zugänglich zu machen. Die hymnische Auskunft will nicht wörtlich verstanden und rational beurteilt werden, sondern die einzigartige Göttlichkeit Jesu Christi eindrücklich illustrieren. Selbst unsere zentrale Glaubenswahrheit, dass Jesus von Nazareth der Christus Gottes ist, muss übersetzt werden, wenn sie denn verstanden und geglaubt werden soll.

Abgesehen von derlei Glaubensformeln, die ihren Sinn und Zweck vor allem in der Liturgie christlicher Gottesdienste erfüllen, enthält die Bibel zahllose Auskünfte, deren Wahrheit und Geltungsanspruch in anstrengender hermeneutischer Übersetzungsarbeit gesichtet und erschlossen werden muss. Von Gleichnissen über Weisungen der Bergpredigt und ethische Texte des Paulus bis hin zu apokalyptischen Texten der Johannesoffenbarung enthält die Bibel eine bunte Vielfalt an Texten und Auskünften mit Wahrheits- und Offenbarungspotenzial. Welche Texte und Auskünfte in welcher Situation dieses Potenzial entfalten können oder ob es möglicherweise Texte gibt, die uns heute nicht weiterhelfen oder sogar unheilvoll sein könnten, muss sorgfältig abgewogen werden.

Beispiel 1: Das Gleichnis von den Arbeitern im Weinberg (Mt 20,1–16) propagiert gleichen Lohn für alle, egal für welche Leistung. Das ist das Provozierende an diesem Text. Dieser Text enthält ein kritisches Potenzial, das bis heute soziale Ungerechtigkeit anprangert. Die Forderung eines unbedingten Grundeinkommens für alle Menschen ließe sich leicht aus diesem Text ableiten. Das greift jedoch zu kurz, weil es in erster Linie um die Solidarität der „Ersten“ mit den „Letzten“ geht und Leistung nicht an sich entwertet wird.

Beispiel 2: Menschen angesichts von Corona-Pandemie und Krieg in Europa auf die Johannesoffenbarung hinzuweisen und aktuelle Geschehnisse als endzeitliche Plagen bzw. Strafen Gottes zu interpretieren, schürt Angst und Weltuntergangsstimmung, anstatt das Vertrauen in den geschichtsmächtigen Gott zu stärken. Von daher ist sorgsam abzuwägen, ob und wenn ja, wie solche Texte in der Verkündigung einzusetzen sind.

Die Verbindlichkeit biblischer Texte ist nicht automatisch in allen Fällen gleich hoch, weil es *biblische* Texte sind; ihre Relevanz orientiert sich vielmehr an der jeweils aktuellen Situation. Grundsätzliche, generalisierende Glaubensauskünfte wie das Bekenntnis zu Jesus als dem Christus Gottes haben eine höhere Relevanz als einzelne ethische Weisungen in den Paulusbriefen. Als Faustregel kann gelten: Je konkreter ethisch-moralische Forderungen gehalten sind, desto zeitbedingter, auf konkrete historische Fragestellungen bezogen sind sie im Allgemeinen. Und desto mehr müssen sie auf die dahinterliegende, heilschaffende Intention des Autors befragt werden. Erst von daher kommt man zu einer heilschaffenden ethischen Weisung für heutige Menschen. In allen Fällen gilt: Um die hermeneutische Aufgabe des Übersetzens, Übertragens und Neuformulierens kommt man in Katechese und Verkündigung nicht herum!

Fazit: Der notwendige hermeneutische Brückenschlag

Biblische Texte und Aussagen haben das Potenzial, heutige Fragen und Problemstellungen im Sinne des christlichen Glaubens zu klären. Welche Texte und Aussagen konkret helfen können und damit Verbindlichkeit entfalten können, ist in einem mitunter aufwändigen hermeneutischen Verfahren herauszufinden. In diesem Verfahren sind die historische und die aktuelle Situation ins Verhältnis zu setzen. Die biblischen Texte und Aussagen sind nach der zugrunde liegenden Intention zu befragen: Was wollte der Evangelist, der Briefautor mit seinen Auskünften und Weisungen bezwecken, welche Grundüberzeugung steht dahinter? Diese Intention ist in die Kultur und Sprache der heutigen Zielgruppe zu übersetzen. Gelingt das und wirkt der Bibeltext heilvoll in die aktuelle Situation hinein, wird seine Relevanz sichtbar, wird seine „Wahrheit“ erkannt.

Apropos 7: Hermeneutik

Das Wort Hermeneutik leitet sich vom griechischen Wort *hermeneúein* (übersetzen, erklären, auslegen) ab. Der griechische Gott Hermes (passender Weise auch Namensgeber eines Paketzustelldienstes) überbringt den Menschen Botschaften der olympischen Götter. Im 20. Jahrhundert wurde der Begriff philosophisch als „Kunstlehre des Verstehens“ (Wilhelm Dilthey, 1833–1911) definiert. Heute wird der Begriff noch grundsätzlicher als die Frage verstanden, ob bzw. unter welchen Voraussetzungen das Verstehen fremder Texte und anderer Lebensäußerungen gelingen kann. Dieser erkenntnistheoretische Hermeneutik-Begriff wurde von der Theologie übernommen und prägt seitdem die Auslegung biblischer und anderer christlich-religiöser Texte. Die historisch-kritische Auslegung erhellt das ursprüngliche Verständnis des Textes mit den soziokulturellen Verstehensbedingungen der damaligen Menschen. Die Hermeneutik schlägt von dort aus die Brücke zu den heutigen, sorgfältig zu analysierenden Lebenswelten und Verständnismöglichkeiten. Der Brückenschlag ist in jedem Fall ein intensiver, mitunter recht aufwändiger Prozess, an dessen Ende die Erkenntnis der Relevanz bzw. der „Wahrheit“ des Bibeltextes steht.

Apropos 8: „Hermeneutica sacra“

Als Gegenbewegung zur liberal-rationalen Theologie der Aufklärung entwickelt sich im 18. Jahrhundert in pietistischen Kreisen die Lehre einer *hermeneutica sacra* (zuerst Johann Jakob Rambach, *Institutiones hermeneuticae sacrae*, 1725).

Diese erklärt die Bibel als einen mit profaner Literatur nicht vergleichbaren, einzigartigen Sonderfall göttlicher Offenbarung. Sie gilt hier als „fehllose, gültige und in all ihren Aussagen vom heiligen Geist inspirierte Offenbarungsurkunde“ (Stuhlmacher, Vom Verstehen, S. 33). Als geoffenbartes Wort Gottes unterliege sie eigenen Auslegungsregeln: Zuallererst müsse der Ausleger selbst vom Heiligen Geist inspiriert und „wiedergeboren“ sein. Sodann ist die Orientierung am wörtlichen (Literal-)Sinn der Texte, der als verbalinspiriert gilt (→ A 3), leitend. Die Bibel sei aus einer Hand – der des Heiligen Geistes – und insofern in sich widerspruchsfrei. Dem Nachweis dieses Postulats dient die textkritische Rekonstruktion des Urtextes. Eine kritische Unterscheidung von ursprünglichem und heutigem Textverständnis wird zurückgewiesen, da der Text auf immer gleichen Glaubensgehorsam abziele. Die Frage nach einer *Mitte der Schrift* (Luther: „Was Christum treibet“) wird als unsachgemäße Verkürzung der biblischen Offenbarung zurückgewiesen. Erst recht wird theologische Sachkritik abgelehnt; als Teil der göttlichen Offenbarung stehe allen Texten dieselbe Gültigkeit zu.

Kritik: Vertreter einer *hermeneutica sacra* müssen erklären, wie sie Spannungen zwischen verschiedenen biblischen Aussagen deuten, wie sie den „garstigen Graben“ der Geschichte und der kulturellen Unterschiede ohne Übersetzungsarbeit überspringen können und weshalb theologisch problematische Auskünfte der Bibel, welche das Wohl heutiger Menschen eher behindern als fördern, gleichwohl in wörtlicher Geltung stehen sollen. Die in den Bibeltexten selbst erkennbaren hermeneutischen Ansätze und ihr je eigener Wahrheitsanspruch öffnen meines Erachtens den Weg zu historischer Kritik und zu hermeneutischer Bemühung (→ A 5).

Apropos 9: Biblischer Wahrheitsbegriff

Wahrheit ist laut DUDEN „das Übereinstimmen einer Aussage mit der Sache, über die sie gemacht wird" bzw., philosophisch gewendet, „eine als allgemein richtig anerkannte Erkenntnis". Im biblischen Denken bemisst sich Wahrheit an der Treue und Zuverlässigkeit Gottes: Gott verbürgt durch seine Treue die Wahrheit der biblischen Glaubenszeugnisse. Im Neuen Testament wird Wahrheit unmittelbar am Reden und Tun Jesu festgemacht (Joh 14,6: „Ich bin die Wahrheit"). Das heißt, die heilvolle Zuwendung Jesu zu den Menschen und die befreienden Worte seiner frohen Botschaft werden als zutiefst authentisch erfahren. Die heilvolle Wirkung macht die Wahrheit des Wirkens Jesu evident; in ihm manifestiert sich die Treue des Gottes Israels vollumfänglich.

Die Frage des Pilatus in Joh 18,38 „Was ist Wahrheit?" lässt sich nicht theoretisch-abstrakt beantworten. Wahrheit ist nicht im Sinne statischer Erkenntnis von Glaubensformeln zu verstehen, sondern im Sinne einer dynamischen Wechselwirkung von Handeln und Wirkung. Daher fordert das Johannesevangelium zum „Bleiben in der Wahrheit" bzw. zum „Tun der Wahrheit", sprich: zur Praktizierung des Liebesgebots als der heilschaffenden Essenz des Wirkens Jesu auf. Wer es erfüllt, bezeugt damit die Wahrheit bzw. die unmittelbar evidente, heilvolle Wirkung des christlichen Glaubens. Hierdurch wird der christliche Glaube allererst glaubwürdig und Gottes Heilswille in der Welt publik.

3. Überlegungen zu einzelnen Textgruppen

3.1 Erzählende Prosatexte

These 5: Die alttestamentlichen Geschichtsbücher bezeugen den Glauben an den treuen Gott Israels, der mit allen Mitteln zu seinen Verheißungen steht.

Die alttestamentlichen Geschichtsbücher bieten Episoden aus der Geschichte Israels und seiner mythischen (Vor-)Geschichte mit teils blutrünstigen Schilderungen von Intrigen am königlichen Hof oder von Kriegen gegen die Nachbarvölker Israels. In ihnen ist ein Gottesbild erkennbar, das mit der neutestamentlichen Vorstellung vom liebenden Vatergott unvereinbar scheint. Es ist von Gott als oberstem Heerführer („Zebaoth"), vom rächenden und eifersüchtigen Gott die Rede.

Beispiele: Erbarmungslosigkeit mit der Erstgeburt der Ägypter erscheint als das Mittel der Wahl, um den Exodus Israels einzuleiten (2. Mose 12,29–36). Der von König Saul geforderte Brautpreis von „hundert Vorhäuten der Philister" ist Teil von Sauls Plan, seinen designierten Schwiegersohn durch die Hand der Feinde Israels zu liquidieren. David tötet die doppelte Anzahl Philister (1. Sam 18,17–30). Das Gottesurteil auf dem Karmel (1. Kön 18) endet mit der Tötung sämtlicher Baalspriester durch den Propheten Elia (V. 40).

Solche und andere Texte mit mythisch-archaischem Anstrich verleiten bis heute dazu, das Alte Testament oder Teile daraus aus dem Kanon heiliger christlicher Schriften auszusparen. Die Kirchenväter entschieden sich jedoch aus guten Gründen gegen diesen Weg. Ihre Argumente sind: *Erstens*, der Gott Israels und der Vatergott Jesu sind identisch; *zweitens*, Jesus selbst war Jude; seine Rede von Gott ist die Rede vom Gott Israels; *drittens*, die Evangelisten und Apostel beziehen sich selbst immer wieder auf diese Texte; *viertens*, ohne das Alte Testament verlöre das Neue Testament seine unverzichtbare theologische Grundlage.

Beispiele: Im Ölbaumgleichnis (Röm 11,17–24) stellt Paulus klar, dass am Respekt Israel gegenüber und an der Anerkennung seines bleibenden Erwählungsstatus' das Existenzrecht der christlichen Gemeinde hängt. – Betont wird die Kontinuität zwischen Mosetora und Liebesgebot Jesu: Im Liebesgebot ist die Mosetora aufgehoben (z.B. Röm 13,8–10). Jesus selbst gilt als der autorisierte Toraausleger schlechthin (Mt 5,17–19). – Der Tod Jesu ist theologisch aus alttestamentlichen Traditionen und Prophetien heraus zu erklären.

Worin aber liegt der theologische Nutzen, die „Wahrheit" alttestamentlicher Kriegsberichte und ähnlicher Texte für heutige Zeiten? Nun, sie bezeugen den Glauben des Volkes Israel an den verlässlichen, treuen Gott, der alle Mittel einsetzt und alle Register seiner göttlichen Allmacht zieht, um seine Verheißungen wahr zu machen. Die Wahl der Mittel spiegelt den theologischen Erkenntnisstand jener Zeiten wider; dieser unterliegt freilich einem ständigen Wandel, selbst heute noch (vgl. → 3.4).

Das Gottesbild Jesu fußt auf dem Gottesbild Israels und spitzt es in Richtung der unbedingten Liebe und Treue Gottes zu. In der Wahl der Mittel, das Böse zu überwinden, rücken bereits im Alten Testament die Geduld und die Reue Gottes ins Bewusstsein. Die Demonstration der Allmacht Gottes wird erst für die Zukunft erwartet. Dieser Trend setzt sich im Neuen Testament fort. Das Gottesbild vereindeutigt sich im Sinne der Liebe Gottes, ja der Feindesliebe Gottes zu den Menschen (Röm 5,6–10). Endgericht und Allmachtsgebaren erscheinen schließlich als *ultima ratio* für den Fall, dass Menschen die Liebesangebote Gottes bis zum Ende nicht annehmen wollen (2. Petr 3,9) (→ A 10).

Fazit: Der Glaube an die unbedingte Treue Gottes

Erzählende Prosatexte der Bibel spiegeln den Glauben Israels an Gottes Liebe und Bundestreue wider. Diese ist kompromisslos; der Gott Israels engagiert sich mit aller Macht für seine Erwählten und bleibt seinen Verheißungen treu. Das Gottesbild Jesu spitzt das zu: Das Böse ist nur mit den

Mitteln der Sanftmut, der Demut und des Gewaltverzichts zu überwinden. Dafür steht Jesus mit seiner Lebenshingabe. In dieses Gottesbild fließt die historische und theologische Erfahrung ein, dass Gewalt Gegengewalt erzeugt. Die Rede vom kosmischen Endkampf und vom globalen Endgericht verdeutlicht, dass auf Gott, den Anwalt der Gerechtigkeit, schlussendlich Verlass ist und kein Unrecht in den Wind geschrieben ist. Gegenüber den Versöhnungsversuchen Gottes ist und bleibt dies aber *ultima ratio*.

Apropos 10: Alt- und neutestamentliches Gottesbild

Populär, aber klischeehaft und latent antijüdisch ist eine platte Kontrastierung von alt- und neutestamentlichem Gottesbild. Entgegengesetzt werden regelmäßig der Gott des Zorns und der Liebe, der Gott des Gerichts und der Gnade, der allgewaltige und der sanftmütige Gott, der Gott der Schöpfung und der Vater Jesu Christi. Diese Kontrastierung hält dem Textbefund nicht stand. Auch im Alten Testament ist vom (liebenden) Vatergott und vom erbarmenden Versöhner die Rede, welcher Freude an der Umkehr der Gottlosen hat (5. Mose 30,6–9; Ps 103,13; Jes 45,11; Ez 18,23.32 u.a.). Auch im Neuen Testament ist die Rede von Gottes Zorngericht (z.B. Mt 3,7–12; Röm 2,1–3; 2 Petr 3,7; Offb 18). Hier wie dort ist Gott der Anwalt der Gerechtigkeit, hier wie dort sind Treue, Verlässlichkeit und Geschichtsmächtigkeit Markenzeichen Gottes.

Anstelle einer Kontrastierung ist eine Zuspitzung und Vereindeutigung des Gottesbildes im Neuen Testament erkennbar: Die erbarmende, vergebende Liebe ist Gottes Leitmotiv, sein Zorngericht ist allenfalls die *ultima ratio* für unversöhnliche Menschen. Hierin spiegelt sich eine Entwicklung im theologischen Denken, genauer in der Frage, wie sich das Verhältnis zu Gott nachhaltig verbessern lässt und wie sich das Böse dauerhaft aus der Welt schaffen lässt.

3.2 Prophetische Texte

These 6: Prophetische Texte erinnern an Gottes Willen und deuten die Ausrichtung an ihm als einzigen Weg zum künftigen Heil.

Zwischen dem wörtlichen Sinn prophetischer Auskünfte, der über zukünftige Heils- oder Schreckensszenarien informiert, und ihrer appellativen Intention ist zu unterscheiden. Das ist die Erkenntnis der Formkritik (→ A 6). Nicht die Zukunftsinformation ist das eigentliche Anliegen, sondern die Deutung der Gegenwart. Sie gilt als Zeit der Umkehr, in der sich drohendes Unheil noch vermeiden lässt oder in der Hoffnung in aller Verzweiflung angesagt ist (symbuleutische Ausrichtung). Nur selten stellen die Propheten Gottes Strafgericht als unabwendbar dar (dikanische Funktion).

Beispiel 1: Die Ankündigung des Strafgerichts über Ninive führt laut dem Buch Jona zu einer beispiellosen Umkehr der Nineviten. Gott bereut sein Vorhaben und Ninive wird verschont (Jon 3). – Umkehr vom sündigen Tun kann selbst in letzter Minute Gottes Strafaktion verhindern, so dass er sein Volk verschont und sich ihm wieder heilvoll zuwendet (Joel 3). Beide Texte zeigen die symbuleutische Funktion prophetischer Unheilsansagen.

Beispiel 2: Mitten in der Agonie des Babylonischen Exils erfolgt der Trostruf Jesajas (Jes 40,1f.). Er soll Mut machen und den Blick nach vorn wenden – gegen alle äußere Misere. Auch hier zielt die Zukunftsinformation auf eine Verhaltensänderung in der Gegenwart.

Beispiel 3: Die Ankündigung des Gerichts Gottes im Winzergleichnis Mk 12,1–12parr. ist ein Appell an die religiöse Führungsschicht Israels, Jesus als den Sohn Gottes anzuerkennen (symbuleutische Funktion). Dieser Appell verhallt ungehört. Im Nachhinein erklärt der Text die Zerstörung Jerusalems im Jahre 70 n.Chr. (dikanische Funktion). Zugleich sind die Bestraften Anti-Vorbilder für diejenigen, welche die christliche Gemeinde führen; sie sollen aus deren Schicksal lernen und es besser machen (symbuleutische Funktion).

Beispiel 4: Die Strafpredigt des Propheten Nathan an David wegen seines Ehebruchs mit Bathseba (2. Sam 12) hat dikanische Funktion: Das Unrecht ist bereits geschehen; seine Buße rettet David zwar das Leben, schützt ihn aber nicht vor schwerer Bestrafung (V. 13–15). – Ebenfalls dikanisch ist die Strafpredigt des Petrus an Hananias und Saphira (Apg 5,1–11). Auch hier ist bereits „das Kind in den Brunnen gefallen", die Strafe unausweichlich.

Die bleibende Wahrheit prophetischer Texte besteht *erstens* darin zu zeigen, dass Gott auf Recht und Gerechtigkeit besteht und es auch durchsetzt, und *zweitens* darin, dass Gott mehr an Umkehr und Strafvermeidung gelegen ist als an erbarmungsloser Härte. Gott erscheint als souveräner, aber auch als versöhnungsbereiter Gott, der letztlich das Beste für seine Menschen möchte. Liebe, Gnade und Versöhnungsbereitschaft sind Grundzüge des biblischen Gottesbildes. Zugleich erscheint Gott als Anwalt der Gerechtigkeit. Beide Seiten gehören zusammen und erklären die Dynamik in der Geschichte Gottes mit seinem Volk.

Fazit: Aufklärung über den Weg zum Heil

Prophetische Texte sind in aller Regel Appelle, die Gegenwart neu zu verstehen und das Verhalten an Gottes Willen anzupassen (symbuleutische Ausrichtung). Nur selten erscheint Gottes Strafgericht unausweichlich (dikanische Ausrichtung). Propheten sind die Sprachrohre Gottes, die über seinen Willen aufklären und damit die Mittel an die Hand geben, drohendes Unheil abzuwenden und eine heilvolle Zukunft sicherzustellen. Auch Jesus tritt als Prophet auf und kündigt den Menschen Gottes heilvolle Zuwendung, aber auch sein Gericht an. Im Vordergrund steht dabei nicht die Zukunftsinformation, sondern der Appell zur Verhaltensänderung.

Apropos 11: Endgericht

Die biblische Rede vom Welt- oder Endgericht verlagert die machtvolle, göttliche Herstellung globaler Gerechtigkeit an das Ende der Zeit. Und sie illustriert, wie dies vonstattengehen könnte: in Form eines „weltlichen" Gerichtsverfahrens. Elemente des Bildfeldes sind der Richter (Gott), der Rechtsanwalt (Christus), anklagende Mächte (Satan, manche Engel), das himmlische Buch und die Exekution des Urteils (vgl. Mt 25,31–46; Offb 4). „Endgericht" ist eine Metapher; menschliche Vorstellungen können das tatsächliche Geschehen nicht erfassen. Die Rede vom Endgericht ist unersetzbar, da auf Gott, dem Anwalt der Gerechtigkeit, die Hoffnungen unzähliger entrechteter Menschen ruhen. Sie ist zugleich eine Warnung an alle Menschen, dass ihr Tun nicht ohne Folgen bleiben wird.

Doch die Rede vom Endgericht ist letztlich „nur" eine theologische Hilfskonstruktion; letztlich können wir nicht sicher wissen, ob Gott tatsächlich in einem juristischen Verfahren Gerechtigkeit herstellt. 2. Petr 3,8f. spricht davon, dass der langmütige Gott das Endgericht hinauszögert, um möglichst allen Menschen die Umkehr zu ermöglichen (vgl. Röm 2,4). Die Gleichnisse in Lk 14f. zeigen, dass die eigene Versöhnungsbereitschaft entscheidend ist, ob man am Ende an Gottes Heilsveranstaltung teilnimmt oder nicht; „Gericht" erscheint hier als Selbstausschluss vom Heil. Ist demnach (All-)Versöhnung eine Alternative zum Endgericht? Ohne die Frage beantworten zu können: Solche Überlegungen zeigen, wie begrenzt unsere theologischen Vorstellungen sind. Wichtig ist, sie nicht gegeneinander auszuspielen; sie enthalten beide einen Teil der Wahrheit.

3.3 Psalmen und hymnische Texte

These 7: Psalmen und Hymnen laden mit ihrer überschwänglichen Sprache zum Lobpreis Gottes bzw. Christi ein.

Typisch für Psalmen und hymnische Texte ist ihre blumige Sprache, der Überschwang im Gottes- und Christuslob. Die einzigartige Besonderheit Gottes bzw. Christi herauszuheben, ist ihre Aufgabe – nicht eine Spiegelung der Wirklichkeit im Sinne naiver Malerei. Das heißt, Psalmen und Hymnen wollen nicht wörtlich verstanden werden, sondern dazu einladen, die ästhetisch-poetische Optik auf die Wirklichkeit einzunehmen und in den Lobpreis einzustimmen (→ A 4).

Beispiel 1: Das Lob des Schöpfers und seiner Schöpfung in Ps 104 ist über weite Strecken Naturbeschreibung, aber nicht im nüchtern-analytischen Sinne, sondern als Hinweis auf Gottes Schöpferkraft, der die wunderbare Natur so wunderbar geschaffen hat. Der Psalm stellt Gottes Macht über Leben und Tod heraus und mündet in einen Lobpreis (V. 31–35).

Beispiel 2: Das Magnificat der Maria (Lk 1,46–56) ist ein neutestamentlicher Psalm, der Gottes Macht, die bestehenden Verhältnisse von heute auf morgen komplett umzukehren, besingt. Maria lobt Gott, der das Niedrige erhöht und das Hohe von seinem Sockel stößt, der die Hungrigen sättigt und die Reichen leer ausgehen lässt. Damit ist der Text eine Ode an Gott, den Garanten globaler Gerechtigkeit. Ein wichtiges Motiv ist dabei Gottes Treue: Das, was Gott den Erzvätern einst versprochen hat, löst er auch ein (V. 54f.)!

Beispiel 3: Der Christushymnus des Paulus in Phil 2,6–11 besingt die göttliche Bedeutung Jesu Christi und sein Heilswerk in höchsten Tönen. Kern ist die Auskunft, dass Christus aus freien Stücken auf seine Göttlichkeit verzichtete, um gehorsam den Lebens- und Leidensweg des Menschen zu gehen, und zwar bis zum Tod am Kreuz. Nach seinem Tod wurde Christus von Gott über alle Mächte dieser Welt erhöht. Der Hymnus endet mit dem Bekenntnis Christi als des Herrn, und dies zur Ehre Gottes. – Der „Abstieg" bzw. die „Selbstentäußerung" (gr. *kénosis*) ist für Paulus das Einzigartige und das Paradoxe seines Gottes- und Christusbildes. Dieses steht gegen alle menschliche Vernunft, gegen alles nüchtern-analytische Denken (1. Kor 1,18), ist aber gerade darin tiefste Glaubenswahrheit.

Auch die biblischen Schöpfungserzählungen (1. Mose 1f.) sind hymnisch: Niemand war bei der Erschaffung der Welt dabei; es handelt sich nicht um Schöpfungs*berichte* von Augenzeugen, sondern um Schöpfungs*erzählungen*. Sie sind weder Tatsachenberichte (im Sinne des Kreationismus) noch Mythen bzw. Märchen, sondern deuten die bestehende Welt mit ihren Ordnungen als geplante, gute Schöpfung Gottes, in welcher der Mensch seine Aufgabe zu erfüllen hat. Nicht das Wann? und Wie? der Weltentstehung stehen im Fokus, sondern das Warum? (es war Gottes Wille), die Qualität (alles ist gut) und das Wozu? (alles hat seinen Sinn) der Welt so, wie sie ist. Zugleich sind die Schöpfungserzählungen ein Lobpreis des Gottes Israels, der alleine Schöpferkraft besitzt und dem die Menschen für ihr Handeln verantwortlich sind (→ 3.4).

Das christliche Glaubensbekenntnis ist ebenfalls ein hymnischer Text. Es will nicht wörtlich verstanden werden, sondern bündelt die einzigartige Bedeutung des trinitarischen Gottes. Dabei geht es bis an die Grenzen des Aussagbaren und nutzt alle Möglichkeiten der religiösen Vorstellungswelt, um Gottes Glaubwürdigkeit herauszukehren. Daher verbietet es sich, die Aussage über Marias Jungfräulichkeit auf die rationale Goldwaage zu legen. Dass der Heilige Geist als unsichtbare Kraft in den Gemeinden wirkt, ist ebenfalls nicht überprüfbar und dennoch für die Gläubigen eine tiefe Glaubenswahrheit, ein erfahrbares Faktum.

Auch jenseits der Religionen gibt es Hymnen. Nationalhymnen besingen die Einzigartigkeit einer Nation, sorgen für Identifikation mit ihr. Stadionhymnen wie „You'll Never Walk Alone“ machen Mut in schwierigen Zeiten. Lobeshymnen auf verdiente Menschen drücken Wertschätzung aus. Hymnen sperren sich gegen einen nüchtern-analytischen Zugriff. Es geht nicht um rationales Erfassen, sondern um emotionale Verbundenheit.

Fazit: Die überschwängliche Sprache der Emotionen

Psalmen und Hymnen sind Ausdruck des biblischen Gotteslobes. Der Lobpreis bedient sich überschwänglicher Sprache, um Gottes bzw. Christi Einzigartigkeit herauszukehren und so den Glauben zu fördern. Die Glaubwürdigkeit dieser Texte bemisst sich nicht an nüchtern-analytischer Überprüfbarkeit, sondern gerade am Gegensatz zu „normalen", weltlichen Größen. Diesen Gegensatz zu markieren und emotionale Zustimmung zu schaffen, der im Lobpreis mündet, ist Aufgabe der hymnischen Texte.

Apropos 12: Sprachkraft der Metapher

Galt die Metapher in früherer Zeit als „uneigentliche", da übersetzungsbedürftige Rede, gilt sie heute als Grundbaustein von Sprache und als wichtiges Mittel, die Wirklichkeit zu verstehen und zu deuten. Metaphern wie „Der Mensch ist ein Wolf" verbinden zwei eigentlich getrennte Wirklichkeitsbereiche (hier: Mensch und Tierreich) so miteinander, dass sie füreinander transparent werden. Eine bestimmte Eigenschaft des Menschen wird durch den Vergleich mit einem bekannten Tier (Wolf) sichtbar und plausibel. Welche Eigenschaft das ist, ergibt sich aus dem Kontext.

Ohne Vergleiche mit bekannten Natur- und Alltagsphänomenen ist das transzendente, menschlicher Erkenntnis entzogene Reich Gottes nicht erschließbar. Erst im Vergleich mit einem Senfkorn, einem Schatz im Acker oder mit einer Hochzeit wird es sichtbar und in seiner Bedeutung plausibel. Zugleich erscheint die sichtbare Wirklichkeit in neuem Licht; ihre Bedeutung ändert sich angesichts der Nähe Gottes. Das heißt, Metaphern haben eine *poetische Kraft*; sie deuten die Wirklichkeit und lassen sie neu verstehen. Mehr noch: Sie setzen dadurch Handlungsimpulse frei, welche zur konkreten Veränderung der Wirklichkeit führen können. So gesehen, haben Metaphern sogar *schöpferische (poietische) Kraft.*

Da Gleichnisse und Metaphern Gott sprachlich nicht fixieren (im Gegensatz zu deskriptiven Formulierungen der Art „Gott ist XY"), sondern lediglich ein kleines Fenster auf seine Wirklichkeit freigeben, sind sie für Jesu Rede von Gott besonders geeignet. Sie tragen Gottes Wandelbarkeit und Dynamik Rechnung und verstoßen somit nicht gegen das Bilderverbot.

3.4 Mythische und legendenhafte Texte

These 8: Mythen sind unverzichtbar, denn sie legen die transzendente Dimension der Wirklichkeit offen und arbeiten menschlichen Urängsten entgegen.

Die Bibel enthält viele mythische und legendarische Texte. Mythen erzählen von sagenhaften Begegnungen mit göttlichen oder widergöttlichen Mächten, die den Vorstellungsrahmen des Alltäglichen überschreiten; sie entstammen mündlicher, historisch nicht fassbarer Überlieferung. Gleichwohl transportieren sie Wahrheit: Sie verdichten die Wirklichkeit, erklären ihre Entstehung und stellen sie in einen kosmischen Rahmen. – Legenden sind „kurze, erbauliche religiöse Erzählungen über Leben und Tod oder auch das Martyrium von Heiligen" (DUDEN). Sie ranken sich um heilige Stätten, Gegenstände und Personen. Ihre historische Wahrheit lässt sich nicht nachweisen; Historie mischt sich hier mit religiöser Deutung.

Beispiel 1: Die Schöpfungserzählungen in 1. Mose 1f. werden, in Anlehnung an altorientalische Vergleichstexte, auch Schöpfungs*mythen* genannt. Das bringt zum Ausdruck, dass sie nicht als historische Episode der Weltgeschichte oder gar als wissenschaftliche Evolutionsgeschichte zu verstehen sind. Vielmehr führen sie die Welt auf einen vorhistorischen Akt des Schöpfergottes Israels zurück. Außerdem haben sie eine ätiologische Funktion, indem sie das Sabbatgebot, das Böse in der Welt und das Scheidungsverbot begründen (→ 3.3).

Beispiel 2: Zumeist sagenhaft sind die vorstaatlichen Erzväter- (1. Mose 12–50), Exodus- und Landnahme- (2. Mose – 4. Mose) sowie Richtererzählungen (Jos, Ri, 1. Sam). Ätiologische Legenden wie über Jakob in Beth-El (1. Mose 28), Samuel in Silo (1. Sam 1–3) oder die Bundeslade (1. Sam 4–6) erklären die heilige Bedeutung eines Ortes oder einer Kultpraxis. – Weitere Beispiele für Mythen sind die urzeitlichen Erzählungen über Giganten (1. Mose 6,1–4), die Sintfluterzählung (1. Mose 7f.) sowie der Turmbau zu Babel (1. Mose 11,1–9).

Beispiel 3: Die Erzählung von der Versuchung Jesu durch Satan in der Wüste (Mt 4,1–11parr.) ist mythisch, da sie ohne Augenzeugen auskommt und Satan als widergöttliche Macht schlechthin dargestellt wird. Damit sprengt der Text den Vorstellungsrahmen des Alltäglichen. Der Mythos erklärt, zu Beginn der öffentlichen Wirksamkeit Jesu, dessen moralische Integrität und Immunität gegenüber dem Bösen sowie seine strenge Ausrichtung am Ersten Gebot. In verdichteter Form bündelt der Text den lebenslangen Konflikt Jesu mit dem Bösen und stellt sein Wirken in einen kosmisch-apokalyptischen Zusammenhang. – Auch die Verklärung Jesu (Mk 9,2–13parr.), kosmische Zeichen bei Jesu Tod und Auferstehung sowie apokalyptische Texte gehören in diese Textgruppe (vgl. → 3.8).

All diese Texte erzählen von außeralltäglichen Begegnungen mit Gott oder von einer physischen Überschreitung der sichtbaren Wirklichkeit. Sie sind zum Teil vorhistorisch (1. Mose 1–11), zum Teil nachhistorisch (Offb) oder sprengen den „normalen“ Gang der Geschichte und machen die Wirklichkeit transparent für ihren transzendent-kosmischen Rahmen.

Vielen anderen Texten wurde oder wird in der theologischen Wissenschaft ein mythischer Charakter unterstellt, wie etwa den Wundererzählungen oder dem Bericht vom leeren Grab Jesu. In der Tat sprengen auch diese Texte den Rahmen „normaler“ Alltagsepisoden. In einigen Wundertexten geht es auch um Konflikte mit kosmischen Mächten, die zum Teil personifiziert vorgestellt werden. Allerdings tragen gerade die Wundertexte einen faktualen Charakter, verweisen also ausdrücklich auf ein historisches Geschehen und benennen dafür Augenzeugen. Da das Etikett „mythisch“ besagt, das Erzählte sei historisch unglaubwürdig, ist es mit besonderer Vorsicht zu genießen (→ 3.5).

Beispiel 1: Dämonenaustreibungen inszenieren Jesu Kampf gegen die personifizierten Mächte des Bösen (Satan, Dämonen, Naturgewalten). Sein Wirken erscheint hier als Teil eines endzeitlichen, kosmischen Konflikts. Die mythisch-kosmische Sinnebene ist in diesen Texten prominent. Gleichwohl lesen sich die Texte als Erinnerung an historisches Geschehen und untermauern dies durch Nennung von Augenzeugen.

Beispiel 2: Der Bericht vom leeren Grab Jesu (Mk 16,1–8parr.) wird als Mythos gehandelt, da er keine einheitlichen Augenzeugen vorweise und mythisch den Auferstehungsglauben begründe. Im Gegenzug dazu ist der Bericht nicht als Mythos, sondern als Folge des Auferstehungsglaubens und dieser als Folge der historischen Begegnung der Emmaus- und anderer Jüngerinnen und Jünger mit dem Auferstandenen zu deuten (vgl. Lk 24,13–35).

Apokryphen tragen legendenhafte oder mythische Züge, insofern sie etwa das Jesuskind in eine Reihe mit griechischen Göttern stellen und ihm dementsprechende Wundertaten tun lassen. Die Texte steigern zum Zweck religiöser Erbauung Jesu Wunderhaftigkeit ins Legendarische.

Beispiel 1: Apokryph sind Erzählungen über Wunder des Jesuskindes; legendarisch sind die Heilkraft seiner Windeln und seines Badewassers sowie seine Anbetung durch Tiere und Götterbilder (arabK, 10-12; 17f.27f.; PsMtEv, 18f.).

Beispiel 2: Bestrafung eines unfähigen Lehrers (KThom 14): „Als Josef den Verstand des Knaben und sein Alter erkannte, dass er vom Alter her reif genug war, fasste er noch einmal den Entschluss, dass er der Buchstaben nicht unkundig bleiben sollte, und führte ihn weg und übergab ihn einem anderen Lehrer. Der Lehrer sagte zu Josef: ‚Zuerst werde ich ihn im Griechischen unterweisen, dann im Hebräischen.‘ Der Lehrer wusste nämlich von der Erfahrung des Knaben und fürchtete sich vor ihm. Dennoch schrieb er das Alphabet auf, ging es lange Zeit mit ihm durch, und er erwiderte ihm nichts. Jesus aber bedeutete ihm: ‚Wenn du tatsächlich Lehrer bist und wenn du die Buchstaben recht verstehst, erkläre mir die Kraft des Alpha, dann werde ich die des Beta erklären.‘ Der Lehrer aber wurde zornig und schlug ihn auf den Kopf. Der Knabe, den dies schmerzte, verfluchte ihn, und sofort wurde er besinnungslos und fiel mit dem Gesicht auf den Boden. Der Knabe kehrte in das Haus Josefs zurück. Josef wurde betrübt und wies seine Mutter an: ‚Lass ihn nicht vor die Tür, weil diejenigen sterben, die ihn zum Zorne reizen.‘“ (Übersetzung Mathis Christian Holzbach, in: Ruben Zimmermann, [Hg.], Kompendium der frühchristlichen Wundererzählungen, Bd.1: Die Wunder Jesu. Gütersloh 2013, S. 862–868).

Mythen und Legenden sind bis heute ein fester Bestandteil unserer Wirklichkeitsdeutung. Das zeigen Begriffe wie „Dolchstoßlegende“, welcher den Versailler Vertrag von 1918 nationalsozialistisch umdeutete, „Verschwörungsmythen“ im Kontext der Corona-Pandemie oder die russischen Gründungsmythen, die Wladimir Putins Angriff auf die Ukraine rechtfertigen sollten. Auch Begriffe wie „Wirtschaftswachstum“, „American Dream“ und die Rede von der ewigen Liebe zwischen zwei Menschen haben mythischen Status. Diese Mythen sind keine unwahren Märchen, im Gegenteil: Sie bieten Deutungen der Wirklichkeit an und entfalten ihre Wahrheit in den Handlungsimpulsen, die von ihnen ausgehen (→ A 4).

Fazit: Verdichtete Wirklichkeitsdeutung

Zum Reichtum der Bibel gehören auch mythische und legendarische Texte. Ihre Wahrheit bezieht sich nicht auf historisch nachprüfbares Geschehen, sondern auf die verdichtete Deutung der Wirklichkeit. Mythen und Legenden überschreiten die Grenzen des Alltäglichen und machen damit den transzendenten Rahmen der sichtbaren Wirklichkeit deutlich. Diese Texte wollen nicht wörtlich verstanden werden; sie wissenschaftlich als unhistorische Märchen abzutun, wird ihnen nicht gerecht. Wie Poesie und Lyrik enthalten sie Wahrheit, die anders nicht aussagbar wäre.

Apropos 13: Mythos

Der DUDEN definiert Mythos als „Sage und Dichtung von Göttern, Helden und Geistern [der Urzeit] eines Volkes" bzw. als „legendär gewordene Gestalt od. Begebenheit, der man große Verehrung entgegenbringt." Klassisch sind die Sagen über olympische Götter und Helden. Die Mythen personifizieren bedrohliche Naturmächte, durchbrechen die Grenze zwischen weltlicher und göttlicher Sphäre und vergöttlichen posthum wichtige Gestalten der geschichtlichen Frühzeit. Historisch greifbar sind die Mythen nicht, doch vermitteln sie, wie eine Kultur sich selbst und die Welt versteht.

Mythen haben die Kraft, die Wirklichkeit poetisch zu ver*dichten* und damit ihre transzendente Dimension zu verdeutlichen. Sie arbeiten damit menschlichen Urängsten entgegen. So betrachtet, sind Mythen keine Relikte eines überholten Weltbildes; Mythen entstehen immer wieder neu; Ereignisse wie der Mauerfall 1989 oder der Terrorangriff auf das *World Trade Center* 2001 werden als äußerst bedeutsam erfahren, prägen das kollektive Gedächtnis und erlangen so mythischen Status.

Apropos 14: Entmythologisierung

Der Begriff ist eng mit dem Namen des Neutestamentlers Rudolf Bultmann (1884–1976) verbunden. Fußend auf der Beobachtung des 19. Jahrhunderts, dass viele biblische Texte mythisch sind, entwickelte Bultmann das Programm der Entmythologisierung biblischer Texte und Aussagen, um so den „Wahrheitskern" (die Botschaft Jesu, gr. *kérygma*) aus der zeitbedingten, mythischen Form der Texte zu befreien. Diese Herangehensweise prägte Generationen von Bibelauslegern, denn sie half, mit sperrigen, unzeitgemäß erscheinenden Texten hermeneutisch umzugehen.

Die Bibeltexte werden dabei auf das ihr eigene Wirklichkeits- oder Existenzverständnis hin befragt. Die historische Wahrheit der Wundererzählungen etwa wird bestritten; sie gelten als unhistorische, mythenhafte Umkleidung einer theologischen Wahrheit. – Kritik am Programm der Entmythologisierung setzt bei der Wechselwirkung von Form und Inhalt (→ A 6), beim Wahrheitsbegriff und beim Mythosbegriff an: „Mythos" und „Wahrheit" bilden keinen Gegensatz, sondern sind eng aufeinander bezogen. Manche Wahrheit lässt sich nur mythisch ausdrücken; entfernt man den Mythos, geht eine bestimmte Deutung von Wirklichkeit verloren. Mythen sind keine irrationalen Märchen, sondern bringen die Wirklichkeit in einer besonders verdichteten, konzentrierten, poetischer Lyrik vergleichbaren Art und Weise zum Ausdruck. Nicht zuletzt ist zwischen Texten, die sich selbst als Mythen zu erkennen geben, und solchen, die einen faktualen Wahrheitsanspruch stellen (Wundertexte u.ä.), zu unterscheiden.

3.5 Wundertexte

These 9: Wundertexte transportieren die Hoffnung, dass Gott mit seiner Schöpfermacht alles Leid und die Vergänglichkeit beenden wird.

Wundertexte waren schon immer ein Stein des Anstoßes. Sie provozieren den menschlichen Verstand (lat. *ratio*), denn sie behaupten Dinge, die mit dem rationalen Wahrheitsverständnis unvereinbar sind. Zumindest sprengen sie jegliche Erfahrungs-Statistik über das, was im Leben möglich scheint und was nicht. Von Anfang an waren Wundertexte Anlass zur Polemik; ihr wörtlicher Sinn wurde schon immer in Frage gestellt. Die Alte Kirche und das Mittelalter übten sich in Allegorese (→ A 17), die Bibelauslegung der Aufklärung versuchte sich in rationaler Wundererklärung.

Beispiel 1: Der Mittelplatoniker Kelsos polemisiert im 3. Jahrhundert gegen den christlichen Wunderglauben und stellt Jesus als mittelmäßigen Zauberer dar. Johann Salomo Semler (1725–1791) plädiert auf vorsätzliche Täuschung schlichter Gemüter. Seither bewegt sich die Wunderdeutung im Rahmen des rational-naturwissenschaftlichen Wahrheitsbegriffs; die historische Wunderfrage wird in der Regel negativ beantwortet (→ A 15).

Beispiel 2: Die aufgeklärte Wunderdeutung brachte allerlei rationale Erklärungen hervor (Beispiele unter → 2.2). Heute werden Wundertexte vermehrt (tiefen-)psychologisch, sozialgeschichtlich oder spirituell gedeutet.

Einerseits rettet die rationale Wunderdeutung den Wahrheitsanspruch der biblischen Texte vor dem Blick der kritisch-rationalen Öffentlichkeit, andererseits opfert sie dafür das Wunderbare an den Wundern (→ 2.2). So stellt sich die Frage nach einem verantwortbaren Umgang mit diesen Texten heute wieder neu. Zu fragen ist, welchen Wahrheitsanspruch die Wundertexte selbst erkennen lassen und ob der nüchtern-analytische Blick der Naturwissenshaften diesem Anspruch gerecht wird (→ A 4).

Die Wundertexte wollen als Erinnerung an historisches Geschehen wahrgenommen werden; sie haben einen faktualen, nicht fiktionalen Charakter. Das unterscheidet sie von Märchen und Mythen. Als Glaubenszeugnisse erheben sie aber nicht den Anspruch einer minutiösen Abbildung des historischen Geschehens im Sinne von Faktizität. Das unterscheidet sie von Tagebuch-Protokollen und historischen Beweisen (harte Fakten). Ihre Grundlage sind historische Erfahrungen mit Jesus von Nazareth und seiner göttlichen Wunderkraft (weiche Fakten). Ihre Wahrheit liegt in der heilvollen, das Leben überraschend zum Guten verändernden Wirkung.

Die Wundertexte transportieren bis heute Hoffnung auf das Ende physischen Leidens und der Vergänglichkeit. Die Durchbrechung sozialer, natürlicher und kultischer Ordnungen, die mit den Wundertaten einhergeht, macht Hoffnung, dass die leidvolle Wirklichkeit nicht unveränderlich ist, sondern von der Wirklichkeit Gottes verwandelt werden kann. Der Tod hat nicht das letzte Wort, denn der biblische Schöpfergott kann selbst aus dem Tod heraus neues Leben schaffen. Darin liegt die unaufgebbare theologische Relevanz, die bleibende Wahrheit dieser Texte.

Das heißt für die Auslegung: Wunder haben eine ganzheitliche Dimension; sie betreffen nicht nur die Körperlichkeit des Menschen, sondern auch seine geistig-geistliche, seelische und soziale Seite. Dem entspricht eine *Vielzahl an Sinnebenen* in den Wundertexten, z.B. die spirituelle, die (tiefen-)psychologische, die sozialkritische oder die theologische Sinnebene. Die physische Sinnebene, welche die körperliche Heilung des Menschen betont, gehört zu einer verantworteten Auslegung unaufgebbar dazu.

Beispiel 1: Mk 5,24–34 erzählt von der physischen, aber auch von der spirituellen Heilung der blutflüssigen Frau durch Jesus („dein Glaube hat dich gesund gemacht“, V. 34). Mit dem Problem des Frau-Seins ist auch die psychologische Ebene der Krankheit tangiert. Soziale Relevanz hat die Notiz, dass die Patientin ihr komplettes Vermögen in vergebliche Heilungsversuche investierte (V. 26). Jesus ist der letzte Strohhalm, nach dem sie greift. Außerdem ist sie sozial ausgeschlossen, sie dürfte sich als „Unreine“ nicht durch die Menschen drängen und Jesus berühren (V. 27f.). Theologisch ist der Aspekt bedeutsam, dass Gott sich den Menschen, selbst den „Unreinen“, zuwendet und sie heilt. Diese Ebenen ergeben zusammen ein umfassendes Bild des komplexen Wundergeschehens.

Beispiel 2: Die Sturmstillung (Mk 4,35–41) erzählt von der physischen Not der Jünger und von ihrer überraschenden Rettung durch Jesu Eingreifen. Der Text erzählt aber auch von einer spirituellen Erkenntnis der Jünger, die sich durch das Wunder Bahn bricht: Sie erkennen ansatzweise die Göttlichkeit Jesu, der sogar den Naturgewalten befehlen kann (V. 41). Die Erzählung ist auch tiefenpsychologisch bzw. mythisch zu deuten: Jesus überwindet die bedrohlichen Chaosmächte und nimmt den Menschen dadurch Urängste, die sie im Leben lähmen. Die Angst vor der tödlichen Gegenwart des Göttlichen – ein wichtiges theologisches Thema im Alten Testament – wird den Menschen ebenfalls genommen; sie erfahren die Nähe Gottes als heilvolle, tröstliche Nähe.

Beispiel 3: Der physischen Heilung des Gelähmten (Mk 2,1–12) voraus geht die Vergebung seiner Sünden (spirituelle Ebene, V. 5). Der soziale Aspekt liegt im Engagement der Freunde, das von Jesus als Glaube gewertet und honoriert wird. Kultkritisch ist, dass die Sündenvergebung, im antiken Judentum ein Monopol Gottes und im Jom-Kippur-Ritus streng kultisch geregelt, nun ungeregelt von Jesus zugesprochen wird. Das erklärt die Empörung der Schriftgelehrten (V. 6f.). – Sündenvergebung und Neuausrichtung des Lebens (Umkehr) gehören auch in anderen Texten zur Nachhaltigkeit eines Wundergeschehens (vgl. Joh 5,1–14: Heilung des Gelähmten; Joh 8,1–11: Jesus und die Ehebrecherin).

Fazit: Hoffnung auf Gott, den Schöpfer und Retter

Wundererzählungen enthalten neben einem wörtlichen Sinn (physische Sinnebene) auch andere Verständnismöglichkeiten (weitere Sinnebenen), die in ihrer Summe die Texte als Hoffnungs- und Befreiungsgeschichten erkennbar machen und damit ihre bleibende theologische Relevanz und Wahrheit zeigen. Die Wundertexte laden dazu ein, sich die Glaubenserfahrungen der Zeitgenossen Jesu zu eigen zu machen. Diese Erfahrungen liegen jenseits des rational Erklärbaren und Beweisbaren; sie sind weiche Fakten, die dem nüchtern-analytischen Blick auf die Wirklichkeit entzogen sind. Doch gerade in der Provokation des menschlichen Verstandes werden sie dem Glauben an den biblischen Schöpfergott gerecht.

Hat Jesus Wunder getan? Ihr Widerspruch gegen die Naturgesetze stimmt skeptisch. Doch die Texte verweisen auf ein nachprüfbares, historisches Geschehen unter Augenzeugen (faktualer Charakter). Auch ein theologisches Argument nötigt zur ernsthaften Prüfung der Frage: Am Wunderglauben hängt laut Paulus der Gottesglaube (1. Kor 15,12–19): Wer glaubt, dass Gott selbst aus dem Tod heraus neues Leben schaffen kann, für den können, ja dürfen Wunder keine Unmöglichkeit sein.

Historischer Hintergrund der Wundertexte sind Erinnerungen an Jesus von Nazareth, den charismatischen Propheten, der mit seiner Vision vom besseren Leben, seiner persönlichen Integrität, seiner vollmächtigen Art, Gesetze auszulegen und Gleichnisse zu formulieren, und wahrscheinlich auch mit seiner Wunderkraft viele Menschen überzeugte. Das Charisma Jesu erklärt plausibel die Entstehung des Jüngerkreises, den Christusglauben und die christliche Hoffnung auf physische Erlösung. Gerade diese lässt sich am ehesten mit tatsächlich erlebten, physischen Wundererfahrungen begründen; das gilt, selbst wenn Jesus posthum noch manches Wunder zugesprochen wurde, um seine Göttlichkeit herauszustellen.

3.6 Gleichnishafte Texte

These 10: Gleichnisse und Metaphern sind die Sprachform der Wahl, um von Gott zu sprechen, und daher unverzichtbare „Fenster zum Himmel“.

Dass gleichnishafte Texte nicht wörtlich verstanden werden wollen, liegt auf der Hand: Sie sind *Gleichnisse*, vergleichende Rede. Sie wollen mithilfe bekannter Alltagsbilder etwas schwer Begreifbares, der menschlichen Erkenntnis Entzogenes, verständlich machen. Ob Vergleiche und Metaphern, ob Metonymien, Synekdochen, Chiffren und Symbole oder ausgeführte Parabeln: Bei all diesen Textformen mit „doppeltem Boden" verweist der wörtliche Sinn auf einen tieferen Sinn, in dem eine Erkenntnis liegt, die ohne Vergleich mit Bekanntem, Alltäglichen nicht möglich wäre.

Beispiel 1: Jesus ermahnt die Hörerinnen und Hörer seiner Gleichnisse, genau hinzuhören („Wer Ohren hat zu hören, der höre!" Mk 4,9). Damit weist er darauf hin, dass das oberflächlich Gehörte nicht das ist, worauf es ankommt. Wer nicht genau hinhört, dem hilft das Gleichnis nichts (so die „Parabeltheorie" Mk 4,10–12).

Beispiel 2: Viele Texte geben schon durch ihre Einleitung zu verstehen, dass sie als Gleichnisse verstanden werden wollen: „Womit sollen wir das Himmelreich *vergleichen*?" oder „Das Himmelreich *gleicht* ..." Solche Formulierungen setzen die Hörenden und Lesenden auf die richtige Spur. Für formkritisch Versierte genügen aber auch schon erzählerische Klischees wie die Rede von einem Weinbergbesitzer oder von einem Vater und seinen beiden Söhnen, um im Erzählten ein Gleichnis zu vermuten.

Textformen wie der einfache *Vergleich* lassen keinen Deutungsspielraum und machen damit die Auslegung einfach. Das Wort „Seid klug wie die Schlangen" (Mt 10.16) benennt den Vergleichspunkt („klug"), so dass andere theoretische Vergleichspunkte (listig, giftig, gewandt) ausgeschlossen sind. Damit der Vergleich seine Wirkung erfüllen kann, ist vorausgesetzt, dass Schlangen und ihre Klugheit allgemein bekannt sind.

Metaphern und Gleichnisse lassen hingegen Deutungsspielraum. Wäre das obige Beispiel auf „Seid (wie) Schlangen" verkürzt, fehlte der entscheidende Deutungshinweis und man müsste darüber nachdenken, was der Autor damit meinen könnte. Metaphern wie der „Weinberg" oder der „Hirte" lassen ebenfalls Deutungsspielraum, weil erst einmal nicht klar ist, welche Deutungsmöglichkeit gemeint ist.

Beispiel: Der „Weinberg" im Weinberggleichnis Mt 20,1–16 bedeutet nicht dasselbe wie im Gleichnis von den bösen Winzern Mk 12,1–12parr. Was die Metapher jeweils bedeutet, ergibt sich aus dem Erzählganzen und aus dem Kontext. In Mt 20,1–16 steht der „Weinberg" für das Betätigungsfeld der Gläubigen (Welt oder Gemeinde; beides ist möglich). Im „Weinberglied" Jes 5,1–7 wird der Weinberg ausdrücklich mit dem Volk Israel identifiziert. Im Winzergleichnis Mk 12,1–12parr. ist er hingegen Einkommensquelle der Pächter und Eigentum des Besitzers, der von den Winzern den Pachtzins fordert. Der Weinberg wird den Pächtern entzogen, als sie den Pachtzins verweigern. Dieses Ensemble spricht dafür, im „Weinberg" nicht das Volk Israel, sondern ein Privileg der religiösen Führungsschicht Israels – ihren besonderen Erwählungsstatus und Führungsauftrag – zu sehen.

Die gleichnishaften Texte fordern ein übertragenes Verständnis. Über mögliche Vergleichspunkte und zu übersetzende Bausteine eines Gleichnisses gibt es im Einzelfall durchaus unterschiedliche Meinungen. Es ist Aufgabe der Auslegung, die Grenze zwischen einem Verständnis, das der Intention des Gleichniserzählers entspricht, und einer willkürlichen, „allegorischen" Auslegung (→ A 16) herauszuarbeiten. Wesentlich sind dabei die Ermittlung des Zielgedankens (Pointe) und die Unterscheidung zwischen tragenden und dekorativen Erzählelementen. Tragende Elemente sind zu übertragen, um die theologische Bedeutungsebene verstehen zu können. Dekorative Elemente sind hingegen vernachlässigbar und gerade nicht zu übersetzen.

Beispiel 1: Das Gleichnis vom Senfkorn (Mk 4,30–32) läuft auf die Pointe hinaus, dass selbst aus einem winzigen Samenkorn eine stattliche Staude werden kann. Der unscheinbare Anfang des Reiches Gottes muss von daher nicht frustrieren; die Natur zeigt, was sich selbst aus einem winzigen Senfkorn entwickeln kann! Der Hauptakzent liegt auf dem Kontrast zwischen klein und groß sowie auf dem Überraschungseffekt, mit dem beim Reich Gottes zu rechnen ist. Hingegen ist die Notiz, dass am Ende sogar Vögel in der Senfstaude nisten, ein dekoratives Element, welches die Größe der Staude anschaulich macht. Es gibt keine Notwendigkeit, in den „Vögeln" eine Metapher zu sehen, die eine Übersetzung verlangt. Tut man es dennoch, bewertet man das Element über und driftet in *allegorische* Auslegung ab, welche der Intention des Autors zuwiderläuft (→ A 16).

Beispiel 2: Im Gleichnis vom verlorenen Sohn (Lk 15,11–32) geht es wesentlich um die Freude, welche die Rückkehr des verlorenen Sohnes beim Vater auslöst und im ganzen Haus auslösen sollte (V. 24.32). Während die Entschlüsselung der Metaphorik von „Vater" und „Söhnen" für das Textverständnis unabdingbar ist und während es hilfreich ist, religiöse Anspielungen im Text zu erkennen (die Erwähnung der Schweine V. 15f. und der Gebote V. 29), führt die Frage nach einer tieferen Bedeutung des „Kalbes", welches für den Heimkehrer geschlachtet wird (V. 23), in die falsche Richtung. Das Kalb illustriert, wie der Ring, das Gewand und die Schuhe, die Freude des Vaters über die Rückkehr des Sohnes, ist aber für das Verständnis des Gleichnisses unerheblich – im Gegenteil: Gegen die Deutung des „Kalbes" etwa als Metapher für den Tod Christi spricht schon die Bildwahl: „Kalb" ist keine frühchristliche Metapher für Christus, anders als „Lamm". Lukas vermeidet durch seine Wortwahl geradezu ein christologisches Verständnis dieses Deko-Elements!

Der bleibende Reiz von Gleichnissen für die Verkündigung liegt in ihrer Anschaulichkeit: Man versteht die Bilder intuitiv, wie einen guten Witz, denn die geschilderten Szenen und gewählten Bilder sind auf Anhieb verständlich. Wer kennt nicht überraschende Entwicklungen in der Natur? Wer kennt nicht die Themen Familie und Eifersucht, wer nicht den Wert von Versöhnung und Solidarität? *Vorreligiöse Erfahrungen* wie diese machen Gleichnisse und Metaphern bis heute für die Verkündigung fruchtbar. Hinzu kommt, dass Gleichnisse als *short stories* gut im Gedächtnis haften und die gewählten Bilder grundsätzlich *polyvalent* sind, das heißt mehrere Auslegungen erlauben. Ein Gleichnis enthält immer mehrere Deutungsmöglichkeiten und kann daher auf unterschiedliche Fragen und Situationen angewendet werden.

Beispiel 1: Das Gleichnis vom verlorenen Sohn lädt dazu ein, innerfamiliäre Fragen zu spiegeln und den Wert der Umkehr bzw. Reue herauszuarbeiten. Es lädt aber auch dazu ein, den Wert der Versöhnung zu entdecken. Weiter lädt es dazu ein, Gott als liebenden Vater zu wahrzunehmen. Dementsprechend bekommt das Gleichnis unterschiedliche Überschriften: „Vom liebenden Vater“, „Vom verlorenen Sohn“, „Vom selbstgerechten Bruder“ usw. Alle diese Akzentsetzungen bewegen sich im Rahmen der Intention des Textes und bieten die Möglichkeit, das Gleichnis in unterschiedlichen Situationen einzusetzen.

Beispiel 2: Der Herr des Weinbergs in Mt 20,1–16 lässt sich sowohl auf Gott als auch auf Christus beziehen; beide laden zur Arbeit im „Weinberg“ ein. – Der Sämann im Saatgleichnis Mk 4,3–9 verweist auf Gott, auf Jesus oder auf die Verkündiger des Evangeliums: Sie alle setzen das Wort des Evangeliums in die Welt und erwarten, dass es Frucht bringt. – Nur auf Gott ist der „König“ bei der „königlichen Hochzeit“ zu deuten (Mt 22,1–14), denn er wird ausdrücklich von seinem „Sohn“ unterschieden. Dagegen ist der „Bräutigam“ im Jungfrauengleichnis Mt 25,1–13 lediglich auf den wiederkommenden Christus beziehbar.

Die Gegenwartsrelevanz von Gleichnissen und Metaphern ist durch sorgfältige Textauslegung zu gewinnen. Wie bei einem Witz, der in früheren Jahrzehnten und in einer anderen Kultur Menschen spontan zum Lachen brachte, heute aber unverständlich scheint, weil die subtilen Anspielungen nicht mehr verstanden werden, müssen bei biblischen Gleichnissen die ursprünglichen Verstehensbedingungen herausgearbeitet werden, um ihre Pointe zu verstehen. Gelingt dies, wird der Text in seiner Fremdheit und in seiner möglicherweise provokativen Erstwirkung erkennbar. Das ist ein guter Nährboden für eine anregende Verkündigung heute.

Beispiel: Der verlorene Sohn (Lk 15,11–32) ist eines der bekanntesten und beliebtesten Gleichnisse, da es das Bild des liebenden, versöhnungsbereiten Vaters, der alles vergibt und sich so sehr über die Rückkehr des verlorenen Sohnes freut, transportiert. Sogar seinem schmollenden, älteren Sohn läuft er nach und will ihn mit seiner Freude anstecken! Die historisch-kritische Realienkunde zeigt jedoch, dass dieses Vaterbild in den Ohren der ersten Hörerschaft empörend gewesen sein muss, da die Vaterrolle anders definiert war als im Gleichnis dargeboten. Eine autoritäre Reaktion, eine Zurückweisung oder zumindest eine Herabstufung des Rückkehrers wäre rollenkonformer gewesen. Und die Sympathien lagen ursprünglich wohl eher auf der Seite des älteren Bruders als auf der des Rückkehrers. Zu erkennen, wie provokativ das Gottesbild in damaligen Ohren geklungen haben muss, ist eine wichtige Voraussetzung dafür, das Gleichnis heute neu zum Klingen zu bringen.

Fazit: Fenster zur Wirklichkeit Gottes

Gleichnisse und Metaphern sind Texte mit doppeltem Boden. Sie fordern dazu heraus, ihren tieferen Sinn aus dem Kontext zu erschließen. In ihrer Mehrdeutigkeit liegt zugleich ihre Stärke: Sie lassen sich grundsätzlich auf mehrere Fragestellungen anwenden. Darüber hinaus macht die Plausibilität der verwendeten Bilder und Szenen gleichnishafte Texte für die Verkündigung wertvoll. Die vorreligiösen Erfahrungen, welche sie transportieren, bieten Anknüpfungspunkte für eine aktualisierende Übertragung. Nicht zuletzt sind Gleichnisse und Metaphern die Sprachform der Wahl, um von Gott und seiner Wirklichkeit zu sprechen. Sie geben den Blick auf eine bestimmte Facette des Gottesbildes frei, ohne Gott darauf „festzunageln“. So gesehen, sind sie unverzichtbare „Fenster zum Himmel“.

Apropos 16: Allegorie und Allegorese

Im Text fiel das Stichwort *allegorische Auslegung*. Das Wort Allegorie kommt von gr. *allegoreín*: etwas anderes sagen, als man meint. Früher galt die Allegorie als „uneigentliche“, deutungsbedürftige Rede im Gegensatz zum klaren, eindeutigen

Gleichnis Jesu. Dagegen spricht jedoch die Einsicht in den deutungsbedürftigen, metaphorischen Charakter der Gleichnisse. *Allegorie* ist als Stilmittel zu sehen, mit dessen Hilfe Texte aller Art, aber auch Kunstwerke, ihre tiefere Botschaft gleichsam esoterisch verschlüsseln (→ A 17). – Von Allegorie zu unterscheiden ist die *allegorische Auslegung* bzw. *Allegorese* als Auslegungsverfahren. Hier wird der Text kreativ und bewusst gegen seine ursprüngliche Intention gedeutet.

Beispiel: Die Erzmüttererzählung um Sara und Hagar (1. Mose 16–21) ist ursprünglich keine Allegorie. Mit ihrer Deutung auf den alten und den neuen Bund Gottes (Gal 4,21–31) betreibt Paulus kreative Allegorese, das heißt: Er liest den ursprünglich nicht vergleichend gemeinten Erzmüttertext *allegorisch* gegen seinen ursprünglichen Sinn.

Die Allegorese verbindet in kreativer Weise unterschiedliche biblische Themen und Texte miteinander und ermöglicht so neue Entdeckungen an den Texten. Außerdem macht sie auch sperrige, unverständliche Texte für die Verkündigung fruchtbar. Ihr Nachteil liegt darin, dass sie die ursprüngliche Intention des Textes ignoriert und damit seine Einzigartigkeit und Fremdheit preisgibt. Daher wird Allegorese in der modernen Gleichnisdeutung und in der historisch-kritischen Exegese abgelehnt.

Apropos 17: Jesus als Esoteriker

Der der sogenannten „Parabeltheorie" Mk 4,10–12 zufolge spricht Jesus in Gleichnissen, damit Außenstehende, die das Geheimnis des Himmelreichs nicht kennen, sie hören, aber nicht verstehen. Die damit umschriebene *Verstockung* ist das Vorzeichen der Prophetie Jesajas (Jes 6,8–10). Der Begriff bezeichnet eine zeitweilige Strafmaßnahme Gottes für fortgesetzten Ungehorsam. Dieser wird in die Unfähigkeit überführt, Gottes Botschaften überhaupt noch wahrzunehmen. So können die Verstockten das angesagte Gericht nicht mehr abwenden. Der Evangelist erklärt mit diesem Denkmodell, weshalb Jesus von vielen Menschen abgelehnt wurde.

Der esoterische Anstrich der Lehre Jesu wird durch die exklusive Deutung des Saatgleichnisses an seine Jünger im Anschluss an die „Parabeltheorie" (Mk 4,13–20) unterstrichen. Auch das Schweigegebot am Ende vieler Wundertexte wirkt esoterisch: Jesus wollte, den Evangelisten zufolge, die Verbreitung seines Rufs als Wundertäter verhindern. Diese esoterischen Züge passen zum apokalyptischen Denken Jesu, das auf die Trennung von Insidern und Außenstehenden, von „Licht" und „Finsternis" aus ist (vgl. Joh 1,1–13!). Diesen Beobachtungen entgegen steht freilich das Postulat, Jesus habe mit seiner Botschaft alle Menschen erreichen wollen. Ob Jesus esoterisch lehrte oder ob dieser Zug lediglich nachträglich sein Scheitern erklären sollte, muss letztlich offenbleiben (→ A 19).

3.7 Ethische und kultische Texte

These 11: Ethische Weisungen der Bibel sind für die christliche Ethik heute insofern relevant, als sie das Wohl des Menschen und weltweiten *shalóm* fördern.

Ethische Texte, also solche, die ein bestimmtes Verhalten fordern oder anprangern, benötigen bei der hermeneutischen Anwendung besondere Sorgfalt. Nicht jedes Einzelgebot, nicht jede Empfehlung kann Verbindlichkeit auch für heutige Zeiten und Menschen beanspruchen. Bei solchen Aussagen ist präzise danach zu fragen, was ihr übergeordnetes Ziel ist.

Beispiel 1: Die Forderung des Paulus in Röm 13,1–7, die römische Gemeinde möge die staatliche Obrigkeit anerkennen, soll das Überleben der kleinen christlichen Gemeinschaft in einer überwiegend feindselig eingestellten Umgebung sichern. Außerdem rechnet Paulus mit der baldigen Wiederkunft Christi, die ein Aufbegehren gegen den

Staat überflüssig mache (Röm 13,11f.). So empfiehlt er, moralisch vorbildlich zu leben, sich an Christus zu orientieren und den Versuchungen der großen Stadt zu widerstehen (Röm 13,13f.).

Beispiel 2: Um die Ordnung in der korinthischen Gemeinde zu erhalten, fordert Paulus die Frauen auf, in der Gemeindeversammlung zu schweigen und sich dezent zu kleiden (1. Kor 11,1–16; 14,34–36). Paulus wirkt hier sehr konservativ und einer antiken *Compliance*-Kultur verhaftet. Er bestätigt regelmäßig soziale Ordnungen und Rollenmuster, selbst wenn sie, etwa im Vergleich zu Jesu Umgang mit Frauen, rückschrittlich erscheinen. Dies gründet in seiner Sorge um Chaos in der Gemeinde (Männer könnten der Versuchung, die von weiblicher Optik ausgeht, erliegen) und in seiner eschatologischen Naherwartung, die ein Aufbegehren gegen bestehende Ordnungen als falsche Priorität erscheinen lässt.

Zu unterscheiden ist zwischen allgemein gehaltenen ethischen Auskünften und solchen, die deutlich situationsbedingt sind. Je allgemeiner ethische Forderungen und Gebote gehalten sind – so eine Faustregel – desto eher können sie auch für uns heute Verbindlichkeit beanspruchen.

Beispiele: Das Doppelgebot der Liebe (Mk 12,29–31), die goldene Regel (Mt 6,12) oder die Antithesen (Mt 5,21–48) haben grundsätzlichen, allgemeinen Charakter und gelten daher bis heute als Kernpunkte christlicher Ethik. Dasselbe gilt für die Seligpreisungen (Mt 5,3–11) und grundsätzliche Anweisungen zur Lebensführung und Wertesetzung wie die Aufforderung zur Kreuzesnachfolge (Mk 8,34f.), zum Besitzverzicht (Mk 10,21) oder zu Demut und Selbstzurücknahme (Mk 10,43f.). – Anders sind Weisungen wie das Fastenverbot (Mk 2,19) oder die Anerkennung der Obrigkeit (Röm 13,1–7) stark situationsbezogen.

Weisungen mit deutlichem Situationsbezug sind nach ihrem übergeordneten Zweck zu befragen; ihre Übertragung in heutiges christliches Leben hat sich an dieser Intention zu orientieren. Konkrete Weisungen sind entweder zu modifizieren oder im Extremfall als überholt einzustufen.

Beispiel 1: Röm 13,1–7 hat den heutigen gesellschaftlichen Status der Kirchen nicht im Blick. Paulus hat auch keine totalitären Regimes wie im 20. oder 21. Jahrhundert vor Augen. Veränderte gesellschaftliche Rahmenbedingungen und geschichtliche Erfahrungen nötigen dazu, Röm 13,1–7 heute äußerst kritisch zu betrachten. Das übergeordnete Ziel des Paulus, das Überleben der Gemeinde zu sichern, ist heute anders zu erreichen – m.E. gerade dadurch, dass Kirche lautstark an politischen und sozialen Fehlentwicklungen Kritik übt und ihre frohe Botschaft ebenso lautstark in den gesellschaftlichen Diskurs einbringt.

Beispiel 2: Die Forderungen des Paulus nach kultisch-sozialer Unterordnung der Frau wirken im Zeitalter der Gleichberechtigung und der Gender-Debatten deplatziert. Auch pflegen die heutigen Kirchen zumindest in Westeuropa kein apokalyptisches Weltbild der Art, dass immer und überall mit satanischen Versuchungen und endzeitlichen Übergriffen zu rechnen sei. Das übergeordnete Ziel des Paulus, den Blick auf die wesentlichen Aufgaben der Zeit zu konzentrieren, ist heute anders zu definieren, zum Beispiel den Frauen in den Kirchen endlich den Rang zuzugestehen, der ihnen zusteht. Vorbildlich für ein angemessenes Verhalten sind Jesu Zuwendung zu den Frauen und Forderungen des Paulus an Mann und Frau, sich in gegenseitiger Wertschätzung zu begegnen (1. Kor 7,1–5; vgl. Eph 5,28 u.a.).

Beispiel 3: Das Scheidungsverbot (Mk 10,9–12; 1. Kor 7,10f.) sollte zu seiner Zeit verhindern, dass Frauen in eine soziale Notlage kommen; Frauen waren in der antiken Lebenswelt zumeist von ihren Männern abhängig. Stellte ein Mann seiner Frau den Scheidungsbrief aus (umgekehrt ging das nicht), war die Frau außerdem sozial stigmatisiert. Heute sind Frauen in Deutschland in aller Regel deutlich unabhängiger; die moderne Rechtsprechung schützt Frauen vor sozialem Absturz und fordert die Unterhaltspflicht des Mannes (und umgekehrt, falls erforderlich) ein. – Die Begründung des biblischen Scheidungsverbots durch die Schöpfungsordnung reflektiert jedoch, dass das Bemühen um eine dauerhaft intakte Partnerschaft unter Gottes Segen steht und besonders für die Kinder segensreich ist. Das ist bei Trennungsgedanken immer mit zu bedenken.

Auch allgemein gehaltene ethische Forderungen sind in zeitgemäße Sprache zu übersetzen und konkret so auszugestalten, dass ihre Wahrheit neu wahrgenommen werden kann.

Beispiel 1: Das Gebot der Nächstenliebe ist so grundsätzlich, dass ihm auch heute eine große Verbindlichkeit zukommt. Allerdings ist seine praktische Umsetzung grundsätzlich offen. Was Nächstenliebe heute heißt, kann im Einzelfall sehr unterschiedlich aussehen. Auch die grundsätzliche Forderung nach Besitzverzicht und der biblische Schöpfungsauftrag (die Erde zu bebauen und zu bewahren) sind immer wieder neu auszulegen und auszugestalten. Es gibt hier nicht die eine richtige Auslegung und Anwendung.

Beispiel 2: Die Forderung nach Besitzverzicht wird in christlichen Klöstern ganz anders wahrgenommen und umgesetzt als etwa bei christlichen Unternehmerinnen und Unternehmern. Das ist legitim. Entscheidend ist die grundsätzliche Orientierung an Jesu Forderung und die Frage nach ihrem übergeordneten Zweck: mehr Gerechtigkeit anzustreben, um selbst den Letzten in der Gesellschaft noch gerecht zu werden (vgl. das Weinberggleichnis Mt 20,1–16). Dieses Leitbild bedeutet eine grundsätzlich kritische Haltung gegenüber eigenem Konsumverhalten und ein achtsames Auge auf soziale Ungerechtigkeiten.

Kultische Anweisungen des Alten Testaments sind auf den Tempelkult in Jerusalem bezogen und haben von daher für Christinnen und Christen keine Relevanz. Bereits im Neuen Testament werden Riten wie die Beschneidung umgedeutet. An die Stelle äußerer Einhaltung kultischer Riten tritt die innere Ausrichtung des Menschen am Heilswillen Gottes.

Beispiele: Paulus stellt dem jüdischen Beschneidungsgebot die „Beschneidung des Herzens“ als grundsätzliche Lebenshaltung entgegen (Röm 2,25–29). Jesus relativiert die jüdischen Speisegebote, indem er die innere Haltung des Menschen und das, was von ihr nach außen dringt, als das Wesentlichere hervorhebt (Mk 7). Das Sabbatgebot wird von Jesus regelmäßig übertreten; das Wohl des Menschen gilt als höchstes Gut, seine Herstellung bzw. Erhaltung als der eigentliche Zweck des Toragebots (Mk 2,23–3,6 u.a.).

Auch wenn die alttestamentlichen Kultvorschriften für Christinnen und Christen keine Geltung beanspruchen können, haben sie dennoch bleibende hermeneutische Relevanz: *Erstens*, ohne sie wäre die Toraauslegung Jesu (seine *halachá*) unverständlich. *Zweitens*, ohne sie wäre die theologische Deutung des Todes Jesu unverständlich. *Drittens*, in den 613 Einzelgeboten der Mosetora spiegeln sich Gottes Heilswille und ein grundsätzliches Gespür dafür, dass das Verhältnis zu Gott immer wieder vom Menschen gestört wird und in Ordnung gebracht werden muss. Ohne dieses Gespür bliebe die Rede von der Rechtfertigung des Sünders allein aus Gnade bzw. aus Glauben (lat. *sola gratia* bzw. *sola fide*) unverständlich.

Fazit: Heil und shalóm als höchste Werte

Die ethischen Weisungen der Bibel zeugen vom Heilswillen Gottes, der auf das Wohl der Menschen und auf ein gedeihliches, friedvolles Miteinander (hebr. *shal*óm) aus ist. Das ist zugleich der höchste Wert im Toraverständnis Jesu. Daran hat sich christliche Ethik zu orientieren. Das bedeutet *erstens* eine Freiheit gegenüber mannigfachen Moralvorstellungen. *Zweitens* bedeutet es eine Radikalisierung und Universalisierung des Liebesgebots als *summa* des Gesetzes; seine Erfüllung kommt nie ans Ende (Röm 13,8–10; 1. Kor 13,8). *Drittens* sind einzelne ethische Weisungen stets danach zu befragen, ob sie dem Wohl des Einzelnen und dem gedeihlichen Miteinander der Menschen dienen oder nicht.

Apropos 18: Gnade und Werke

Martin Luther beantwortet die Frage, wie der Mensch vor Gott gerecht werden kann, mit den Formeln „allein aus

Gnade“ und „allein aus Glauben“ (lat. *sola gratia* bzw. *sola fide*, vgl. Röm 3,21–31 und Gal 3). Er wendet sich damit gegen den Irrglauben, man könne sich per Ablasshandel aus dem göttlichen Gericht freikaufen. Die Berufung auf „gute Werke“ führt nach Luthers Auffassung zur Fehleinschätzung, man könne mithilfe ethisch-moralischer Leistung Gottes Gerechtigkeitsforderung Genüge tun. Luther erklärt dies für prinzipiell unerreichbar und verweist auf die allein selig machende Gnade Gottes und den Glauben daran, dass mit Christi Heilstod der Weg über gute Werke überflüssig geworden ist.

Im Neuen Testament sind Gnade bzw. Glaube und gute Werke kein Widerspruch, sondern aufeinander bezogen. Vor einer Vereinseitigung des *sola fide* warnt der Jakobusbrief (für Luther eine „stroherne Epistel“): Ein Glaube ohne gute Werke, ohne ethische Anstrengung, ist tot (Jak 2,14–26). Selbst Paulus betont im Vorfeld seiner Rechtfertigungslehre, dass das göttliche Gericht nach Werken urteile (Röm 2,6). Jesus stellt für ethisches Tun regelmäßig himmlischen Lohn in Aussicht: Wer den Willen des Vaters erfüllt, wird selig werden (Mt 7,21; Mk 3,35).

Wie ist die Spannung aufzulösen? Nun, die Berufung auf Gottes Gnade allein, nach dem Motto: „Ich kann es Gott eh nicht recht machen“, oder: „Ich kann Gottes Entscheidung eh nicht beeinflussen“, ist billig und entspricht auch nicht dem biblischen Bild vom Menschen als Ebenbild Gottes mit einem freien Willen. Umgekehrt ist richtig, dass menschliche gute Werke nie so vollkommen sind, dass sie der absolut zu denkenden Gerechtigkeitsforderung Gottes genügen könnten. Hier kommen Glaube und Gnade ins Spiel. Um es mit einem Bild aus der Leichtathletik zu sagen: Die Messlatte der göttlichen Gerechtigkeit liegt so hoch, dass selbst der beste Stabhochspringer daran scheitern müsste. Doch ohne Anlauf, ohne ethische Anstrengung und ohne Glauben daran, dass die Anstrengung am Ende Erfolg haben könnte, käme die Gnade Gottes nicht zum Einsatz. Denn sie kommt dem „Stabhochspringer“ auf halbem Weg entgegen und hilft ihm über die Latte – trotz seines Unvermögens.

3.8 Apokalyptische Texte

These 12: Apokalyptische Texte spenden tiefen Trost, denn sie weisen auf Gott hin, der alle vorstellbaren Katastrophen überwinden und die Welt erneuern wird.

Apokalyptik ist eine Weltanschauung, die zwischen einer jetzigen, dem Untergang geweihten, und einer kommenden Weltzeit, welche durch ewigen messianischen Frieden und das Reich Gottes geprägt ist, unterscheidet. Die Schilderung der letzten Bedrängnisse und der in Kürze zu erwartenden, kosmischen Katastrophe wird bis heute mit dem Begriff Apokalyptik verknüpft. Apokalyptik ist eine Frucht äußerer Repressalien und Katastrophenerfahrungen und bietet eine jüdisch-christliche Antwort auf die Theodizeefrage (Weshalb kann Gott das Unheil seiner Gläubigen zulassen?). Die Antwort lautet: Gott ist der geschichtsmächtige Weltenherrscher; alles, auch die schlimmsten Ereignisse, sind Teil seines Geschichtsplans, der am Ende zur Erlösung führen wird (→ A 11).

Wie sind die Johannesoffenbarung und andere apokalyptische Texte der Bibel zu deuten? Eine Auslegungstradition nimmt diese Texte wörtlich und deutet sie im Sinne eines göttlichen „Endzeitfahrplans“.

Beispiel: Neuzeitliche Ereignisse wie die beiden Weltkriege, die Gründung des Staates Israel, Naturkatastrophen, Despoten und soziale Verwerfungen werden mit den apokalyptischen Aussagen abgeglichen und der endzeitliche Standort der Jetztzeit ermittelt. Das war z.B. das Auslegungsmodell der Zeugen Jehovas und der Adventisten für lange Zeit, und es erfreut sich in apokalyptisch anmutenden Zeiten immer neuer Konjunktur.

Auch das Neue Testament bietet Beispiele für das wörtliche Verständnis endzeitlicher Auskünfte. So führt die Ansage des Paulus in 1. Thess 4,15.17, Jesus werde noch zu seinen Lebzeiten wiederkommen, zu Irritation und Spott. 2. Thess 2 rudert zurück: Die Annahme, die Parusie sei bereits eingetreten, wird als Irrlehre abgewiesen. 2. Petr 3 reagiert auf Spötter, die fragen, wo das angekündigte Endgericht bleibe. Als Reaktion auf eine solche „Nächsterwartung" des Endes werden Erwartungen regelmäßig modifiziert.

Beispiele für eine Modifizierung der Naherwartung: Das Ende ist nah, aber es braucht noch Zeit! Gott ist geduldig mit den Menschen, deshalb hält er das Endgericht zurück (2. Petr 3,9)! Erst müssen noch bestimmte Ereignisse eintreten, bevor das Ende kommen kann (Mk 13parr.; 2. Thess 2; Offb u.a.)! Den Zeitpunkt des Endes kennt Gott allein (Mk 13,32 nach Mk 13,30)! Gottes Uhren ticken anders als die der Menschen (2. Petr 3,8)! Und grundsätzlich heißt es: Wichtiger, als sich auf das nahe Ende zu fokussieren, ist es, die verbleibende Zeit im Sinne Gottes zu nutzen (vgl. Apg 1,10f. und die „Parusiegleichnisse" Mt 24f.)!

Die Bibel ist mit klaren Terminangaben äußerst sparsam. Mk 9,1parr. („noch zu Lebzeiten einiger Jünger", vgl. Mk 13,30parr.) und 1. Thess 4,15.17 („noch zu Lebzeiten des Apostels") sind Ausnahmen. Die bleibende Wahrheit solcher Auskünfte ist auf einer anderen Ebene zu sehen: *Erstens*, Gott ist der Herr der Zeit, er kann jederzeit die heilvolle Wende bringen! *Zweitens*, es besteht die begründete Hoffnung, dass das Leiden in der Welt bald zu Ende sein wird! *Drittens*, die verbleibende Zeit ist kostbare, intensiv zu nutzende Zeit!

Diese Erkenntnisse zeigen, jenseits des wörtlichen Verständnisses, die bleibende Relevanz apokalyptischer Auskünfte. Von daher ist das Urteil mancher Zeitgenossen, Jesus habe sich in seiner Naherwartung des Reiches Gottes geirrt, zu relativieren: Wörtlich genommen, stimmt das; mit dem, was Jesus mit seiner Botschaft an Hoffnung und Handlungsimpulsen in die Welt gesetzt hat, stimmt es nicht (→ A 6). Christinnen und Christen leben und handeln seither in der Perspektive, dass Gott seine Gerechtigkeit global durchsetzen wird.

Weitere apokalyptische Endzeitvisionen sprechen von endzeitlichen Bedrängnissen (Ölbergrede Jesu, Mk 13parr.), vom „Aufhalter" (2. Thess 2) oder von diversen Plagenreihen (Johannesoffenbarung). Gerade die Visionen der Johannesoffenbarung beflügeln seit jeher die menschliche Phantasie und sind Stoff für düstere Gerichtsansagen und Hollywood-Verfilmungen. Gegen ein wörtliches Verständnis der Plagenreihen (sieben Siegel, sieben Posaunen, sieben Zornschalen) spricht jedoch *erstens*, dass sie nicht chronologisch, sondern nach dem Muster zunehmender Verdichtung des immer gleichen Endzeitgeschehens angeordnet sind. *Zweitens* haben die Schilderungen einen derart surrealen Anstrich, dass sie die Vorstellungskraft des Menschen übersteigen. Damit wehren sie sich gegen ein wörtliches Verständnis und weisen auf etwas anderes hin: auf die Kraft des geschichtsmächtigen Gottes, der selbst die schrecklichsten kosmischen Widerstände im Griff hat und sie überwindet! In diesem Gottesbild ist die bleibende theologische Wahrheit dieser Texte zu sehen; allein aus diesem Grund haben sie ihren Platz in der Bibel.

Fazit: Der Trost des geschichtsmächtigen Gottes

Die kirchliche Verkündigung tut sich mit den endzeitlich-apokalyptischen Texten der Bibel besonders schwer. Die düsteren Szenarien der Offenbarung sind geeignet, Angst und Schrecken zu verbreiten und werden von manchen Gruppen im Sinne eines Endzeitfahrplans ausgewertet. Dagegen sprechen jedoch ihr surrealer Anstrich und ihre nicht-chronologische Anordnung. Obwohl die apokalyptischen Szenarien nicht wörtlich zu verstehen sind, haben sie bleibende theologische Relevanz: Sie zeigen die Geschichtsmächtigkeit Gottes auf, die uns Menschen selbst aus der größten Not heraus zu neuem Leben führen kann und wird! Das spendet tiefen Trost in apokalyptischen Zeiten, anstatt Schrecken zu verbreiten.

Apropos 19: Jesus als Apokalyptiker

Ob Jesus Apokalyptiker war, lässt sich historisch nicht sicher beantworten, denn wir haben Jesu Lehre nur im Wortlaut der Evangelien. Die Evangelisten zeichnen Jesus in die apokalyptische Stimmung ihrer Zeit ein. Die synoptischen Evangelien bieten apokalyptische Umkehrpredigten Jesu und Johannes des Täufers, sie enthalten Dämonenaustreibungen (Exorzismen), in denen sich der kosmisch-apokalyptische Kampf Gottes gegen die Mächte des Bösen manifestiert, sie betonen die Naherwartung des Reiches Gottes (Mk 9,1parr.) und sie teilen die „synoptische Apokalypse“ bzw. Ölbergrede Mk 13parr. Matthäus schmückt auch Tod und Auferstehung mit apokalyptischen Zeichen aus (Mt 27,51–53; 28,2–4). Das Johannesevangelium ist weniger apokalyptisch, kennt aber auch die Rede von Licht und Finsternis (Joh 1,4–13; 12,35f.) und vom Endgericht (Joh 5,25.28) und deutet Jesu Tod als Sieg über Satan (Joh 12,31; 19,30).

Auch Paulus und die anderen Briefeschreiber erscheinen in apokalyptischem Licht. Naherwartung des Endes, Zeit der letzten Bedrängnis durch Satan, Irrlehre sowie die Rede von Licht und Finsternis, vom Weltuntergang und vom Endgericht – diese Motive gehören zum Standardrepertoire der neutestamentlichen Briefliteratur. Dem entspricht eine Ethik, die auf das Festhalten an der Verheißung, an der Treue zur rechten Lehre und auf Leidensbereitschaft ausgerichtet ist.

4. Zusammenfassung

Inspiration: Die Bibel ist nicht das Wort Gottes im Sinne verbalinspirierter, ewig gültiger Wahrheit. Die biblischen Schriften sind authentische Glaubenszeugnisse von Menschen, deren Auskünfte inspiriert waren, und das heißt: deren Auskünfte und Formulierungen in der Situation ihrer Entstehung als hilfreiches, heilvolles Wort Gottes erfahren wurden. Inspiration ist demnach als historisch-dynamisches Ereignis zu verstehen, als geistliche Begabung, das rechte Wort zur rechten Zeit zu sagen.

Kanon: Viele dieser Texte und Auskünfte hatten das Potenzial, auch über die konkrete Entstehungssituation hinaus klärend und heilvoll zu wirken. Daher wurden sie schließlich in den Kanon heiliger Schriften des Juden- und Christentums aufgenommen.

Hermeneutik: Um ihre Gegenwartsrelevanz und damit ihre „Wahrheit" zu erkennen, ist es notwendig, die biblischen Texte und Aussagen immer neu zum Sprechen zu bringen. Veränderte gesellschaftliche Rahmenbedingungen, neue Fragen und Herausforderungen verlangen stetig neue Übersetzungsarbeit. Dieses hermeneutische Bemühen ist die Hauptaufgabe in Bibelauslegung und Verkündigung. Immer wieder ist die Brücke zwischen den Texten mit ihren ursprünglichen Intentionen auf der einen und der aktuellen Lebenswelt auf der anderen Seite zu schlagen.

Historische Kritik: Um die biblischen Texte in unsere Gegenwart sprechen zu lassen, ist zuerst nach ihrer kulturellen Lebenswelt, nach den Verständnismöglichkeiten der ersten Hörerinnen und Leser sowie nach dem einstmals innovativen bzw. provokativen Potenzial der Texte zu fragen. Erst wenn der Text in seiner historischen Fremdheit wahrgenommen ist, kann er innovativ, provokativ und inspirierend auch in unsere Zeit sprechen.

Wortlaut und Intention: Zu unterscheiden sind der Wortlaut und die hinter den Wörtern stehende Intention des Autors. Nicht der Wortlaut ist für die Verbindlichkeit des Textes entscheidend, sondern die Frage, ob und wie sich die hinter ihm stehende Intention übertragen lässt.

Formkritik: Es ist formkritisch zu unterscheiden zwischen verschiedenen Textgattungen. Es macht einen Unterschied, ob wir einen Gleichnistext, eine apokalyptische Vision, einen Psalm oder einen Tugendkatalog vor uns haben. Entscheidend ist zuallererst der Wahrheitsanspruch, welchen die Texte selbst erkennen lassen. Gleichnisse zum Beispiel wollen nicht wörtlich verstanden werden. Prophetische Texte lesen sich weithin als symbuleutische Appelle, das gegenwärtige Verhalten zu überdenken. Apokalyptische Texte wollen das Vertrauen in den geschichtsmächtigen Gott festigen. Psalmen und Hymnen wollen die Bedeutung Gottes oder Jesu Christi in höchsten Tönen loben.

Wahrheitsbegriff: In den biblischen Texten geht es nicht um beweisbare historische Fakten, sondern um lebendige, dynamische, veränderbare Erfahrung mit dem Göttlichen. Sie mit der Messlatte moderner Naturwissenschaft zu messen, würde ihnen nicht gerecht. Sie laden vielmehr dazu ein, sich die Erfahrung der authentischen Glaubenszeugen zu eigen zu machen und sie fortzuschreiben. Daher ist der Versuch rationaler Erklärung etwa von Wundertexten zum Scheitern verurteilt; das Wunder würde ent-wundert und verlöre das Faszinierende, Staunenerregende. Apokalyptische Visionen lassen sich nicht historisch verifizieren oder falsifizieren; in ihnen bündeln sich Urängste der Menschheit wie in einem Brennglas. Sie sollen gerade überwunden werden! Biblische Spruchweisheit stellt nicht den Anspruch auf experimentelle Überprüfbarkeit, sondern gründet im Vertrauen auf Gott, den Anwalt der Gerechtigkeit.

Pädagogisches Prinzip: Nicht alle biblischen Texte und Aussagen sind per se gleichermaßen für jede nur denkbare historische Situation aussagekräftig. Das zeigt sich bereits am dynamischen, oft spannungsvollen Nebeneinander unterschiedlicher oder gar gegensätzlicher Auskünfte. So kann der Apostel einmal das nahe Ende ansagen und ein andermal vor überzogenen Erwartungen warnen. Jesus kann einmal den Glauben seiner Jünger loben und ein andermal ihren Unglauben kritisieren. Einmal liegt der Fokus auf der Erfüllung von Geboten, ein andermal auf der Befreiung von einschränkenden Vorschriften. In der einen Situation hat ein Prophet zu warnen, in der anderen zu trösten. An diesen Beispielen sieht man ein pädagogisches Prinzip: Je nach Situation sind unterschiedliche Reaktionen angesagt, um das höhere pädagogische Ziel zu erreichen, nämlich die Menschen auf ihrem Lebens- und Glaubensweg voranzubringen.

Leitwerte und Sachkritik: Textauslegung und hermeneutische Arbeit haben sich an den biblischen Leitwerten *Leben* und *Heil des Menschen* sowie *gedeihliches Miteinander* (hebr. *shalóm*) auszurichten. Das, was den Menschen in der konkreten Situation im Sinne Christi weiterhilft, ist herauszuarbeiten. Andere, eher Angst machende oder Verwirrung stiftende Aspekte sind zu vermeiden. Martin Luther bringt die Richtschnur der Hermeneutik auf die Formel „Das, was Christum treibet". Zu ergänzen wäre: das, was im Sinne der frohen Botschaft Hoffnung schafft und Impulse zur heilvollen Veränderung unserer Lebenswelt erzeugt!

Evangelium: Die Wahrheit biblischer Texte, das Evangelium, hängt nicht an einzelnen Buchstaben, sondern liegt gewissermaßen zwischen oder hinter den Buchstaben. Das Evangelium lässt sich auf wenige Punkte zusammenfassen: *Erstens*, Gott verfolgt in seiner Liebe und Treue das Leben in Fülle für alle immer weiter; *zweitens*, Gottes Gerechtigkeit wird selbst dem Letzten noch gerecht; *drittens*, Gott hat sich in Jesus Christus umfassend geoffenbart; *viertens*, Christi Tod am Kreuz brachte uns Versöhnung mit Gott und einen neuen, direkten Zugang zu ihm; *fünftens*, unser ethisches Tun steht unter der Verheißung der Gnade Gottes;

und *sechstens*, Gott wird am Ende die Welt von allem Leiden und sogar vom Tod erlösen.

Aufgabe: Christinnen und Christen haben die Aufgabe, dieses Evangelium immer wieder neu in die Welt zu tragen, es verständlich zu machen, und das heißt: inspiriert das rechte Wort zur rechten Zeit zu suchen, damit das Evangelium die Herzen der Menschen erreicht und sie froh macht.

Anhang

1. Abkürzungen

A	Apropos
arabK:	arab. Kindheitsevangelium (6./7. Jh.)
EvThom:	Thomasevangelium (1./2. Jh.)
f.:	plus ein nachfolgender Vers
gr.:	griechisch
hebr.:	hebräisch
Jh.:	Jahrhundert
KThom:	Kindheitseitsevangelium d. Thomas (2. Jh.)
lat.:	lateinisch
PsMtEv:	Pseudo-Matthäusevangelium (6./7.Jh.)
T	These

2. Fachbegriffe

Ätiologie (ätiologisch)	Ursprungs- oder Gründungserzählung
Allegorese	Auslegungsverfahren, das einen Text als Allegorie liest und deutet
Allegorie (allegorisch)	Ein Text, der Anderes meint, als er sagt
Apokalyptik (apokalyptisch)	antike Weltanschauung, rechnet mit baldigem Weltende und der Rettung der Frommen durch Gott. Oft mit Visionen zu Endzeit und Jenseits
Apokryphen (apokryph)	‚geheime' Schriften am Rande der Bibel
Charisma (charismatisch)	wörtl. Gnadengabe; Geistesgabe
Chiffre (chiffrieren)	Stilmittel der Kodierung (Rätsel)
Christologie (christologisch)	Lehre von Jesus Christus
dikanisch	beurteilender Charakter eines Textes
Empirie (empirisch)	wissenschaftliche Methode der Sammlung von (Erfahrungs-)Daten
epideiktisch	darstellender Charakter eines Textes
Eschatologie (eschatologisch)	Lehre von der Endzeit
Esoterik (esoterisch)	exklusive Geheimlehre, Insiderwissen

Exegese (exegetisch)	wissenschaftliche Textauslegung
Exodus	Auszug (Israels aus Ägypten)
Faktizität	präzise Wiedergabe eines Geschehens
Faktualität (faktual)	grundsätzlicher Hinweis auf ein historisches Geschehen
Formkritik	Methode, die das Verhältnis zwischen Form und Inhalt eines Textes untersucht
halachá (hebr.)	mündliche, nach-alttestamentliche Auslegung der Mosetora
hermeneutica sacra (lat.)	spezielle Auslegung heiliger Texte
Hermeneutik (hermeneutisch)	Lehre von der Übersetzung, Anwendung oder Aktualisierung von Texten
Inspiration	göttliche bzw. geistliche Eingebung
Kanon (kanonisch)	Richtschnur; Summe der verbindlichen heiligen Schriften (Bibel)
Kausalität	Abfolge von Ursache und Wirkung
Kerygma (kerygmatisch)	Botschaft; die Botschaft betreffend
Metapher, Metaphorik	nicht wörtlich gemeinter Begriff
Metonymie	rhetorisches Stilmittel: Ersetzung eines Wortes durch einen verwandten Begriff, z.B. „Waterloo“ für Niederlage
Mythos, mythisch	Erzählung über vorhistorische Vorgänge zwischen Göttern und Menschen; Sage
Parusie (-verzögerung)	Wiederkunft (Christi); lat. *adventus*
ratio (lat.)	Vernunft, Verstand
Realienkunde	Methode, welche die soziokulturellen Entstehungsbedingungen eines Textes analysiert
Redaktionskritik	Methode, welche die konzeptionelle Eigenleistung eines Autors (Redaktors) analysiert
religionsgeschichtlicher Vergleich	Methode, welche das Verhältnis biblischer zu außerbiblischen Texten analysiert
Rezeptionsästhetik	Methode, die das Wechselverhältnis von Text und seiner Wahrnehmung analysiert

shalóm (hebr.)	Frieden. Umfassender Heilszustand
Symbol	ein außersprachliches Zeichen, das einen abstrakten Bedeutungszusammenhang repräsentiert und bündelt (z.B. das Kreuz)
symbuleutisch	beratende Funktion eines Textes
Synekdoche	rhetorisches Stilmittel: Ein Teilbegriff steht für das Ganze, z.B. „ein kluger Kopf“
synoptische Evangelien	Markus-, Matthäus-, Lukasevangelium
synoptischer Vergleich	Methode, die das literarische Verhältnis synoptischer Paralleltexte analysiert
Textkritik	Wissenschaft von der Textüberlieferung; Frage nach der Urgestalt eines Textes
Textlinguistik	Methode, welche die sprachlichen Strukturen eines Textes analysiert
Textpragmatik	Methode, welche die implizite Leserlenkung (Lernziele) in einem Text analysiert
Theodizeefrage	Frage nach Gottes Gerechtigkeit und Allmacht angesichts von Leid
Traditionsgeschichte	Methode, welche nach dem Autor bei der Texterstellung vorliegenden Prätexten und Motiven fragt
ultima ratio (lat.)	allerletzte Möglichkeit
Verbalinspiration	wortwörtliche Eingebung (eines Textes)

3. Schlagwörter

– sortiert nach Thesen (T), Textabschnitten und „Apropos“ (A) –

4. Textstellen

– sortiert nach Textabschnitten und „Apropos“ (A) –

Altes Testament

Neues Testament

5. Literaturangaben

Berger, Klaus (1996): Darf man an Wunder glauben? Stuttgart.

ders. (1999): Hermeneutik des Neuen Testaments (utb 2035). Tübingen/Basel.

ders. (2005): Formen und Gattungen im Neuen Testament (utb 2532). Tübingen/Basel.

Bultmann, Rudolf (1960): Neues Testament und Mythologie. Das Problem der Entmythologisierung der neutestamentlichen Verkündigung (1941), in: H.-W. Bartsch (Hg.), Kerygma und Mythos, Band 1. 4. Auflage Hamburg, S. 15–48.

Erlemann, Kurt (2008): Wer ist Gott? Antworten des Neuen Testaments. Neukirchen-Vluyn.

ders. (2014): Vision oder Illusion? Zukunftshoffnungen im Neuen Testament. Neukirchen-Vluyn.

ders. (2016): Kaum zu glauben. Wunder im Neuen Testament. Neukirchen-Vluyn.

ders. (2017): Fenster zum Himmel. Gleichnisse im Neuen Testament. Göttingen.

ders. (2019): Wozu noch glauben? Erfahrungen und Anregungen. Stuttgart.

ders. (2021): Wunder. Theorie – Auslegung – Didaktik Wunder. Theorie – Auslegung – Didaktik (utb 5657). Tübingen/Basel.

ders./Wagner, Thomas (2013): Leitfaden Exegese. Eine Einführung in die exegetischen Methoden für das BA- und Lehramtsstudium. Tübingen/Basel.

Reimarus, Hermann Samuel (1775): Apologie oder Schutzschrift für die vernünftigen Verehrer Gottes (posthum von G.E. Lessing als ‚Fragmente eines Ungenannten' um 1775 veröffentlicht).

Schweitzer, Albert (1984): Geschichte der Leben-Jesu-Forschung (1906). 9. Auflage Tübingen.

Stuhlmacher, Peter (1986): Vom Verstehen des Neuen Testaments. Eine Hermeneutik (NTD Ergänzungsreihe 6). 2. Auflage Göttingen.

Weder, Hans (1986): Neutestamentliche Hermeneutik. Zürich.

Wischmeyer, Oda (2004): Hermeneutik des Neuen Testaments. Ein Lehrbuch (NET 8). Tübingen/Basel.